Historias de un Largo Ministerio
Don Pedro Gutiérrez

1914-2005

Un pastor inolvidable

Reseñas biográficas y compilación por J. Smyth

Don Pedro
El modesto gigante del Quindío

Setenta años de servicio al Evangelio

Don Pedro Gutiérrez
en su nonagésimo cumpleaños

Título: **HISTORIAS DE UN LARGO MINISTERIO**

Autores: **Pedro Gutiérrez S. & Jaime Smyth**

Copyright © One Mission Society - 2016
Derechos Registrados

ISBN: 978-1-880338-53-7

Foto portada:
Don Pedro contempla el hermoso paisaje boyacense

Diseño de la portada y contraportada:
John Miller, Pennsylvania, EE. UU.

Impreso en Colombia por Editorial Buena Semilla

PREFACIO

Durante sus últimos años el pastor y misionero Pedro Gutiérrez, - "Don Pedro", como todos le decían, escribió el testimonio de su vida dedicada a la evangelización, la predicación de las Buenas Nuevas y las enseñanzas del Señor Jesús. El interés que despertó en él la primera lectura de la Biblia no disminuyó. Al contrario, con el tiempo su interés en las Sagradas Escrituras y su alegría al leerlas crecieron de tal manera que tomó la decisión de estudiar en el *Seminario Bíblico de Costa Rica*[1].

Ese seminario fue establecido por la *Misión Latinoamericana*[1] con el ánimo de preparar pastores y misioneros para la evangelización de América Latina. La *Misión Latinoamericana* también auspiciaba la *Clínica Bíblica* donde se preparaban enfermeras para labores humanitarias.

En este ambiente de avivamiento evangélico el joven Pedro creció espiritualmente, y fue escogido para empezar la labor de evangelización en la Costa Atlántica de Colombia. Al graduarse, contrajo matrimonio con Fanny Hogg, enfermera costarricense graduada de la *Clínica Bíblica* y de la *Universidad de Costa Rica* en obstetricia. Ella fue una ayuda importante ya que atendía sin costo alguno los partos de las creyentes de las iglesias recién formadas y de los habitantes de la ciudad.

Don Pedro relata en su testimonio **Historias de un largo ministerio**, esos primeros años de evangelización, la propagación del mensaje a caballo por los campos o en barco por el Río Magdalena, y la construcción de templos en diferentes pueblos y ciudades.

Después de muchos años, siendo pastor en Costa Rica, Don Pedro conoció a Jaime Smyth quien aprendía español en la *Escuela de Idiomas* en San José, preparándose para el campo misionero con la *Misión Interamericana*[2] en Colombia. Más tarde, los Gutiérrez se unieron a la misma Misión donde trabajaron por mucho tiempo en el interior de Colombia. Esto facilitó una colaboración muy estrecha entre Jaime Smyth y Don Pedro, uniéndose en viajes de evangelización en las ciudades y los campos rurales de Colombia. En la Segunda Parte de esta narrativa, el señor Smyth hace referencia a estos años de trabajo, y a la vez incluye una biografía más detallada.

Es para nosotros un honor presentar este testimonio personal de nuestro padre, y rogamos a Dios que sea de ayuda, interés y motivación para muchas personas que tengan la oportunidad de leer este libro.

Pedro Luis Gutiérrez   Juan David Gutiérrez
Baltimore, Maryland, EE.UU.   Cali, Colombia

ÍNDICE

Primera Parte
HISTORIAS DE UN LARGO MINISTERIO

Introducción 13
Agradecimientos 14

Conociendo la Biblia 15
Primera Escuela Dominical 17
Mi conversión al Señor 18
Mi bautismo 19
Llamamiento al servicio activo 19
Las grandes dificultades en el camino 20
Despedida de mi Madre 21
Viaje al Instituto Bíblico de San José, Costa Rica 21
Actividades en tiempo de vacaciones 23

Mi matrimonio y regreso a Colombia 25
Evangelización en Sincelejo 26
Evangelización a los pueblos vecinos de Sincelejo ... 27
Primer milagro en mi cuerpo 27
Comienzo de la obra evangélica en Montería 28

NUEVAS CONGREGACIONES

San José del Totumo 32
Congregación de Planeta Rica 33

Salvado de las aguas en el Río Carolina 34
Congregación de Providencia 35
Congregación de Las Claras 36
Traslado a Cartagena 38
Congregación de Pasacaballos 38
Traslado a Magangué 38
Congregación de Isla Grande 39
Congregación de Barranca 40
Congregación de Ayapel 40
Intento de secuestro a mi hijo Pedro Luis 42
Plan de asesinar al pastor 44

Mi segundo matrimonio 45

La congregación en Zulia, Boyacá 47
Salvado del abismo de la muerte 49
Iglesia de Guachetá, Cundinamarca 51
Iglesia "Dios Con Nosotros" en Bogotá 53

PREPARACIÓN DE LÍDERES

Adán Gómez 55
Manuel Hurtado 55
Víctor Garrido 56
Luis Sepúlveda 57
Freddy Lizarazo 58

LLAMADO DE DIOS PARA ATENDER PERSONAS EN EXTREMA NECESIDAD

"El cura la confesó, y está lista para morir" 61
"Me siento livianito" 62
"Me iba a tomar este veneno" 63
"Sin saberlo hospedaron ángeles" 64
"Mi mamá quiere que le hable más de Jesucristo" 64
Estoy seguro que fue salvo 65

Ídolos enterrados 66
La sangre 68
Obra misionera en Miami, Florida, EE.UU. 69

Segunda Parte
EL MODESTO GIGANTE DEL QUINDÍO
Datos biográficos adicionales por Jaime Smyth

La bella congregación en Monterrey 73
Desde aquel momento 74
"¡Usted sirve!" 76
Una pareja ideal en el ministerio 77
La Biblia habla por sí sola 78
"La Violencia" 79
El modesto pastor del Quindío enfrenta nuevos desafíos .. 81
"Siervo bueno y fiel..." 83
El justo florecerá como la palmera 87

REFLEXIONES
Rvdo. Roberto Hess 91
Lic. Ubaldo Restan Padilla 93
Rvdo. Gregorio Landero Arrieta 94
Teresa Lizarazo vda. de Gutiérrez 95
Daniel Javier Gutiérrez Lizarazo 96

NOTAS 97

Primera Parte

HISTORIAS DE UN LARGO MINISTERIO
DON PEDRO GUTIÉRREZ
Un pastor inolvidable

Introducción

En este libro no estoy escribiendo mi biografía. Solamente deseo informar sobre algunos acontecimientos que tomaron lugar en el ministerio que empecé en enero del año 1938 y que ha seguido hasta la fecha actual. No estoy contando todo lo acontecido en esos años, sólo algunos hechos más relevantes.

Don Pedro predica en una de las campañas auspiciadas por el Evangelismo a Fondo a lo largo de los años sesenta.

Por un tiempo de diez años, el Señor me dio el don de evangelista y tuve la oportunidad de predicar en diferentes países como Panamá, Costa Rica, y Nicaragua. En Colombia, Él me concedió predicar en Barranquilla y Valledupar en reuniones organizadas por el movimiento *Evangelismo a Fondo* que dirigía la *Misión Latinoamericana*. En las ciudades de Cali y Buenaventura muchos oyeron el santo

Evangelio. En Buenaventura, en un auditorio grande, asistieron varios sacerdotes y también el Sr. Obispo de la ciudad. Cada noche pasaban muchos indicando el deseo de rendir sus vidas al Señor, confesando sus pecados. Hubo numerosas invitaciones a predicar en Neiva, Florencia, Caquetá, Armenia, Pereira, y en la provincia de la Guajira. No podía atender tantas invitaciones porque en ese tiempo era pastor de la iglesia en Magangué en la cual se reunían más de 200 personas, y no podía dejar de lado mis responsabilidades como tal.

Durante mi ministerio organicé doce congregaciones. Algunos de estos grupos han desaparecido: unos porque no tuvieron quién los atendiera después de mi salida; otros porque los creyentes tuvieron que ir a vivir a otros lugares. Actualmente hay seis congregaciones que fueron organizadas como iglesias; estas han crecido en número y se han multiplicado en otras congregaciones fundadas por la misma iglesia. Algunas de estas iglesias tienen pastores que han surgido de su propio liderazgo. Algunos de ellos han recibido entrenamiento para el pastorado en diferentes institutos. Otros han hecho estudios por correspondencia para capacitarse, y pronto han asumido responsabilidades como líderes de la congregación. Gracias para siempre sean dadas a nuestro Salvador, el Señor Jesucristo.

Agradecimientos

Los agradecimientos más grandes de mi vida son para mi Salvador, el Señor Jesucristo, por haberme salvado a temprana edad y por haberme llamado a Su santo servicio, siendo muy joven; por haberme llevado al lugar donde me preparó para mi ministerio, y por haberme guiado, sostenido y ayudado en estos largos años de servicio.

Mis agradecimientos a mi primera esposa Fanny Hogg quien en los primeros años me sostuvo con sus oraciones todos los días, atendió la congregación cuando yo viajaba, y sirvió como enfermera, no tan sólo para atender los enfermos, sino sirviendo de mensajera del Evangelio.

Soy deudor de profunda gratitud a mi segunda esposa, Teresita Lizarazo. Me tomó de la mano en los años más difíciles de mi vida, ayudándome a volver a la estabilidad de mi servicio. Me ha ayudado en mi ministerio en forma competente, sirviendo como maestra, consejera y como mujer que nació para servir. En los años últimos de mi vida cuando yo no podía trabajar, trabajó para suplir nuestras necesidades diarias.

A mis hijos también soy deudor de gratitud. Cuando niños, no me impidieron la realización del ministerio; aprendieron a someterse a la dirección y disciplina que su madre les indicaba. En la juventud fueron conscientes de la escasez de nuestros recursos y no nos exigieron lo que nos era imposible dar. Ya adultos, han seguido el camino del Señor, imitando a sus padres.

Conociendo la Biblia

La belleza de los Andes en Colombia.

A la edad de cinco años, mis padres hicieron un viaje para que conociera a mis abuelos paternos y maternos que vivían en el departamento de Cundinamarca.

De paso pasamos por la capital de Colombia, Bogotá, con el fin de conocerla. Andando sin rumbo por las calles de la ciudad, un hombre se acercó a mi padre y le dijo que le vendía un libro que le hablaba de Dios. A mi padre le gustaban las lecturas que hablaran de Dios. El vendedor lo invitó a entrar en un pasillo estrecho que dividía dos edificios y sacó de debajo de su ruana un libro grande. Le leyó algunos pasajes, como los Diez Mandamientos. Le mostró dónde debía empezar a leer, y le vendió el libro por 50 centavos. Hoy en día parece algo muy barato, pero en ese tiempo la moneda tenía más valor. En la casa, mi padre reunía a sus hijos los domingos, durante la Semana Santa, y en otros días festivos, para leerles la Biblia. Leía solamente algunos pasajes escogidos como los Diez Mandamientos, San Mateo capítulo cinco (el Sermón del Monte), el Padre Nuestro, el relato de la Mujer Samaritana, y el relato de Nicodemo. No hacía oración porque no sabía orar, no explicaba nada porque no sabía explicarlo. Dejaba que la Biblia hablara por sí misma. Estos pasajes me hablaron como la voz divina, y ejercieron una influencia sobre mi vida de modo que los recordaba con frecuencia.

Pasaron varios años sin tener más conocimiento de la Biblia que los pocos pasajes que mi padre nos leía, y estas lecturas no eran muy frecuentes. Un buen día mi padre recibió la invitación para asistir a las explicaciones de la Biblia en una finca vecina. Mi padre llevó consigo a sus hijos mayores. Allí nos encontramos con un hombre que había traído muchas Biblias para vender. Cada asistente compró su propio ejemplar, y todos se veían muy alegres de poder leer la Palabra de Dios por primera vez.

La reunión empezó con el canto del himno titulado, *Es Jesús el mejor Amigo*. El evangelista lo cantó varias veces porque nadie en la reunión sabía cantar, ni conocía nada del Evangelio. Repitió varias veces las mismas palabras del himno, de modo que yo las aprendí. No recuerdo nada de las explicaciones que el evangelista hizo. Solamente he recordado toda mi vida las palabras, *Es Jesús el mejor Amigo*. Desde aquella noche y todos los días de mi vida, el Señor Jesucristo ha sido mi mejor Amigo. Me salvó, y me dio la comisión de predicar el santo Evangelio.

Primera Escuela Dominical

El evangelista venía cada tres meses trayendo una nueva cantidad de Biblias y algunos libros que ayudaban al conocimiento de ella. Le informaron sobre el mucho interés que las gentes de este barrio tenían por un mayor conocimiento de ese maravilloso libro. Para satisfacer las necesidades del pueblo que leía la Biblia, tuvo la magnífica idea de nombrar a una persona de entre los asistentes para que en su casa él les enseñara la Biblia. Fuimos invitados para que a las 10 de la mañana el domingo siguiente empezáramos lo que habría de llamarse la Escuela Bíblica Dominical. Mi hermano y yo llegamos antes de las 10. El dueño de la casa, para entretenernos antes de que llegaran los demás, nos ofreció cigarrillos para que fumáramos durante la espera. Este señor no se había convertido a Jesucristo todavía. Pasaron como cuatro semanas cuando él dijo a la clase: "Los cristianos evangélicos no fumamos, así que a partir de hoy no fumaremos nunca más".

Durante los primeros domingos, las reuniones consistían en leer un pasaje bíblico, y algunas explicaciones breves. Terminábamos con el Padre Nuestro, porque nuestro maestro no sabía orar libremente. A pesar de no haber largas explicaciones, la gente se interesó mucho en lo que oían de la Biblia. Muchos pidieron que la reunión se hiciera en su casa. Así que se empezó a rotar la Escuela Dominical entre unas ocho familias diferentes, dando oportunidad para que algunos contaran sus experiencias cristianas. Este movimiento creció mucho en la región llamada La Elvecia, de modo que la *Misión Presbiteriana Cumberland* de la ciudad de Cali envió obreros para enseñar los himnos y para ayudar con el conocimiento de la Palabra de Dios.

Mi conversión al Señor

Mi niñez y parte de mi juventud la pasé aprendiendo versículos de la Biblia, asistiendo fielmente a la iglesia, y participando en diferentes actividades como las Navidades, la Semana Santa, y otros eventos que se celebraban en la congregación.

Un miércoles que había servicio de oración, yo asistí a la reunión. El pastor explicó el versículo de Romanos 6:23, *"La paga del pecado es muerte más la dádiva de Dios es vida eterna en Cristo Jesús Señor nuestro"*. Él dio varias explicaciones haciendo mucho énfasis en la posibilidad de ser castigados y de ir al infierno si no se aceptaba la dádiva de Dios, que es la Persona del Señor Jesucristo. No hizo ninguna aplicación, ni invitó a aceptar al Señor Jesucristo como la dádiva de Dios. Seguramente esperó que el Señor hiciera la obra en los corazones.

Yo regresé a mi casa aquella noche bien inquieto y confrontado por el Espíritu Santo. Me arrodillé en mi cama y le dije al Señor: "Señor, si yo me muriera hoy, sería castigado y me iría al infierno". Le rogué con todo mi corazón y con todas mis fuerzas, diciéndole: "Señor, perdóname mis pecados y ten misericordia de mí. Perdóname, Señor". En este instante oí la voz de Dios qué me habló tan clara y fuertemente que la he recordado toda mi vida. El Señor me dijo: "Pedro, tus pecados son perdonados y desde hoy Me servirás".

Al día siguiente me levanté muy convencido de que debía dedicar mi vida para servir al Señor. El sábado siguiente empecé a servir a Dios y a la humanidad. Yo había guardado en mi casa muchos folletos de los que nos daban en la iglesia. Cada sábado tenía que ir a la ciudad de Armenia a comprar el mercado para la semana. En el camino encontraba personas que regresaban a sus casas. Yo los detenía para darles un folleto, sin darles ninguna explicación. En la ciudad iba buscando a las personas que estuvieran de compras o simplemente mirando las ventanas de las tiendas, y les entregaba algo para leer. Si me preguntaban qué era eso y qué quería decir el folleto, yo solamente me concentraba en decirles: "Léalo y lo entenderá fácilmente", y continuaba sin darles más explicaciones. Tenía temor de hablar con la gente porque yo era un muchacho muy tímido.

Mi bautismo

El Señor me permitió hacer mis estudios de bachillerato en el *Colegio Americano* que la *Misión Presbiteriana Cumberland* tenía en la ciudad de Cali. Un misionero me dio las instrucciones necesarias para recibir el Santo Bautismo. El día de mí bautismo tuve una experiencia muy gloriosa. Sentí que el Señor Jesucristo me había acogido en Sus brazos y sentí un nuevo impulso para predicar el santo Evangelio.

El pastor Martiniano Fajardo me tomó para ser mi consejero, tal como Bernabé fue el gran consejero de Pablo. Corregía mí gramática y mi vocabulario. Me llevó a los cultos en los hogares que él dirigía. Después de varias semanas de acompañarlo a esas reuniones, me pidió que en la siguiente semana enseñara yo el Evangelio. Las primeras veces lo hice con gran temor, pero lentamente fui recibiendo confianza. Cuando él notó que yo había adquirido más confianza en capacidad y en la enseñanza, me pidió que enseñara a los jóvenes en la Escuela Dominical. Yo lo hacía con gran placer aunque conocía muy poco de la Biblia y nada sobre cómo enseñar, pero para mí esto era servir al Señor.

Llamamiento al servicio activo

Por algún tiempo asistía a todas las reuniones familiares donde se enseñaba la Palabra de Dios. Algunas veces me pedían que yo diera el estudio, y lo hacía con el ánimo de servir al Señor. Pero no estaba satisfecho con hacer ese pequeño servicio, porque deseaba estudiar para conocer bien la Biblia y saber cómo predicar a las multitudes. La iglesia de La Elvecia, donde yo asistía, llamó como pastor a un joven de Guatemala llamado Alfredo Cardona. Este pastor había hecho sus estudios bíblicos y teológicos en el *Instituto Bíblico de Costa Rica*[1]. Era uno de los primeros graduados. Tenía mucho interés en la preparación de la juventud para el servicio del Señor. Él me informó sobre el *Instituto Bíblico* donde él había estudiado. Me ayudó a hacer los trámites para ingresar a ese plantel de preparación bíblica.

Las grandes dificultades en el camino

En poco tiempo recibí de la dirección del *Instituto* la carta de aprobación para mis estudios, con las instrucciones sobre mi viaje y la fecha de iniciación de estudios. Dos grandes dificultades se me presentaron para realizar el viaje. Primero, no podía salir del país sin haber prestado el Servicio Militar obligatorio. Tenía que servir un año en el cuartel militar, o pagar dinero para ser exento del servicio activo. La cantidad que el Gobierno exigía era mucha y fuera del alcance para mí. La segunda dificultad para realizar era el dinero para pagar el transporte hasta Costa Rica. Para mí se cerraron las puertas y posibilidades de ir al *Instituto Bíblico* donde podría recibir la preparación que deseaba. La iglesia oraba por mí para que pudiera realizar el viaje, y yo todos los días clamaba al Señor que me permitiera prepararme para servirle.

Pasó un mes, cuando una mañana mi padre me dijo, "Aquí está el dinero para que pague la Libreta Militar, y para el pasaje hasta San José". Yo quedé sorprendido de la bondad y la gracia del Señor para conmigo. Esto era el primer milagro que veía en mi vida. Me demostró que sí era Su santa voluntad que fuera al *Instituto*, y recibí este hecho como la promesa de Dios que Él estaría conmigo y supliría todas mis necesidades. Después de quince días pude arreglar todos mis asuntos, y ya estaba listo para emprender el viaje a donde el Señor cambiaría todo el futuro de mi vida en este mundo.

Despedida de mi Madre

Llegó el día cuando debía despedirme de mi familia para emprender el viaje. Mi padre no estaba en casa esa mañana. Despedirme de mi madre era muy difícil. Al fin tomé un impulso, la abracé y le dije, "Hasta luego, Madre". Ella lloró mucho. Yo salí de prisa como huyendo del dolor más grande que yo había sentido en mi vida. En el camino entré al monte y allí escondido entre los árboles, lloré a mi madre y a toda mi familia por unos quince minutos. Esto era como si hubieran muerto para mí. Al continuar mi viaje me alcanzó un joven que era muy amigo mío y, a la vez, un buen cristiano. Notó que yo iba llorando, y empezó a consolarme. Me felicitó y me animó por haber estado dispuesto servir al Señor. Me dijo que el camino que yo había escogido era el más glorioso. Prometió orar por mí y estoy seguro de que lo hizo. Me ayudó a llevar mi maleta hasta tomar el ferrocarril que me llevaría de la ciudad de Armenia hacia Buenaventura, donde debía tomar el barco hasta Costa Rica. Toda mi vida he recordado ese joven; su nombre desapareció de mi mente, pero sus acciones para un triste viajero como yo, están siempre vivas en mi recuerdo.

Pasaron varios años antes de regresar a la casa de mis padres. Fue para mí un gran placer encontrarlos vivos. Yo amaba a mí madre como el ser más valioso sobre la tierra; pero había aprendido lo que el Señor me enseñó aquella mañana de mí despedida: *"El que ama a padre o madre más que a Mí, no es digno de Mí"*. (Mateo 10:37)

Viaje al Instituto Bíblico de San José, Costa Rica

Nuevo y muy extraño fue para mí ese viaje en el mar. En la ciudad de Buenaventura, puerto de Colombia sobre el Pacífico, entré al barco en la noche, y a la mañana siguiente me encontré en un lugar donde solamente veía cielo y agua. Por primera vez clamé al Señor diciendo, "Cristo mi Piloto es". En Panamá encontré tres jóvenes de mi denominación que iban a estudiar al mismo *Instituto Bíblico*. Muy consolador fue para mí encontrarme con compañeros de la misma organización y con el mismo propósito de servir a nuestro Salvador. Llegamos al *Instituto Bíblico* en San José, y fuimos recibidos con tal entusiasmo como si fuéramos hijos que habíamos pasado mucho tiempo lejos de casa.

Estaba a cargo de los jóvenes estudiantes una pareja de apellido Thompson. La señora, de nombre Perla, servía como una segunda madre para todos. El esposo, de nombre Guillermo, era un maestro tierno y comprensivo, que nos ayudaba con su amor paternal para que encontráramos un segundo hogar, que, a la vez, servía para nuestra preparación. Los sábados salíamos por las calles de San José para practicar lo que habíamos aprendido sobre la evangelización. En mi primer día de práctica, yo lo hice como lo había hecho en los primeros tiempos de mi conversión. Entregaba el folleto a las personas y luego me retiraba lo más pronto posible. Mi compañero de evangelización me enseñó que era necesario hablar con las personas y mostrarles cómo podrían ser salvas. Los domingos íbamos al pueblo cercano para evangelizar. La dirección del *Instituto* no daba dinero para pagar el transporte a esos pueblos. Cuando no tenía dinero para comprar mis cosas necesarias, muchas veces me iba a pie, y así regresaba en la tarde. De esa manera economizaba algo para mis necesidades.

Esto no era un tiempo perdido, porque a la orilla del camino había muchas casas donde nos deteníamos a evangelizar y dejar literatura cristiana. Como resultado de esa evangelización teníamos estudios bíblicos para mayores y niños en la población. Después de algunos años, en cada uno de estos pueblos se organizaron iglesias.

Actividades en tiempo de vacaciones

Durante los tres meses de vacaciones del *Instituto*, me enviaban con algún otro compañero a las provincias del país. Por dos ocasiones nos correspondió ir a la provincia del Guanacaste. Allí empecé a practicar la predicación. En un pueblo pequeño estuve predicando por varias noches seguidas. Un matrimonio asistió a las reuniones cada noche. La señora se convirtió pero su esposo resistió el mensaje. Yo estuve orando por él, y preparé un mensaje pensando en ese hombre. La noche que prediqué especialmente para él, desde el momento que empecé se durmió, y aunque yo daba golpes para despertarlo no se despertó sino hasta terminar el servicio. La actitud de este hombre me enseñó que la conversión de los pecadores no depende de los planes del predicador, sino de la acción poderosa del Espíritu Santo. Oré por él y le pedí al Señor que tocara su corazón. A la noche siguiente volvió ese amigo, y el Señor conmovió su corazón y perdonó sus pecados.

La siguiente noche, llegó a la reunión un hombre que era enemigo del recién convertido. Al terminar la reunión, aquel hombre convertido la noche anterior salió rápidamente y se paró a la salida y esperó a su enemigo. Cuando salió le pidió perdón por las ofensas que le había hecho. Los dos se dieron la mano y se perdonaron. Así demostró el recién convertido el cambio producido al aceptar al Señor como su Salvador.

Otro grande acontecimiento que tomó lugar durante mis vacaciones en la Provincia del Guanacaste fue el siguiente. Mi compañero y yo vivíamos en el centro de la ciudad de Cañas. De ese lugar íbamos a otros campos. Una mañana llegó a nuestra habitación un hombre quién nos hizo una invitación. Nos dijo, "Quiero que vengan a mi casa para hablarnos del Evangelio". Nos dijo que dos años atrás había comprado la Biblia y toda su familia se había dedicado a leerla, pero nunca habían escuchado explicaciones; nunca habían asistido a una iglesia evangélica, ni conocían a ningún evangélico. Fijamos la fecha para que él viniera a llevarnos a su casa. Al despedirnos le dije, "Vamos a orar para que podamos realizar el viaje y sea de bendición para todos". Este señor nos preguntó, "¿Quieren que yo ore?" Le dijimos que sí, que orara. Yo pensaba que este hombre que no había estado en una reunión de los evangélicos, no sabía orar. Hizo una oración muy inteligente, como una persona de experiencia en el cristianismo. Yo quedé muy sorprendido al oír a este hombre con gran conocimiento bíblico y habilidades en la comunicación con su Salvador.

El día señalado, este caballero vino a llevarnos. Después de tres horas a caballo llegamos al lugar donde vivía, - una casa muy humilde a la entrada de un caserío que se llamaba La Cofradía. Allí vivía con su esposa y tres hijos quienes nos esperaban con gran deseo de oír la explicación de la Santa Biblia. Ya en su casa, nos contó cómo el Señor Jesucristo había hecho varios milagros en su vida por la simple lectura de la Santa Biblia. Había dejado de emborracharse. Cuando estaba bien borracho, salía a la calle con un machete en la mano, dispuesto a pelear con cualquier persona. La gente cerraba las puertas para evitar que entrara y les hiciera algún mal. Pero por la lectura de la Biblia había aprendido que los borrachos *"no heredarán el reino de Dios"*. Había dejado de fumar tabaco sin que nadie le aconsejara no hacer eso.

También, había dejado de comer arena. Su casa estaba a la orilla de un arroyo de aguas cristalinas, y en el fondo había una arena blanca y fina. Este hombre la comía porque para él era muy dulce. Su hija que tenía 18 años había aprendido de su padre a comer arena. Su padre y la joven aprendieron lo que dice 2 Corintios 6:16, *"Porque vosotros sois el templo del Dios vivo"*. Él y ella aprendieron que tanto el licor, como el tabaco y la arena, eran vicios que ofendían a Dios y perjudicaban el cuerpo que era templo del Espíritu Santo. Esta gran verdad les dominó durante toda su vida.

Durante los cuatro días que estuvimos en la casa de este hermano, él y toda su familia se rindieron al Señor Jesucristo. Muchos de la aldea también se convirtieron. Hoy en esos caseríos existe una iglesia administrada por la *Asociación de Iglesias Bíblicas Costarricenses*. Estas experiencias me sirvieron para aprender cómo predicar con buenos resultados y cómo dejar que el Espíritu Santo haga la obra que nosotros no podemos hacer, y esperar que la Biblia hable por sí sola a los que la necesitan.

Mi matrimonio y regreso a Colombia

Al terminar los tres años de estudios en el *Instituto Bíblico*, tenía el plan de regresar a mi casa en Colombia y empezar sirviendo al Señor en la misma iglesia donde había comenzado mi vida cristiana. Pero los planes nuestros muchas veces no son los planes de Dios para Sus hijos. Pensaba regresar solo, pero supliqué al Señor que si era Su santa voluntad y estaba en Sus planes, me proveyera una esposa idónea con la misma visión misionera que yo tenía. En el último año de mis estudios, pensé en una joven que se llamaba Fanny Hogg. Fue enfermera en la *Clínica Bíblica* graduada de la *Clínica* y de la *Facultad de Enfermería de la Universidad*. Dios sabía que una persona como ésa era la que yo necesitaba. El mismo Señor nos ayudó a amarnos, entendernos y tener la misma visión misionera. Nuestro matrimonio se realizó en la capilla del *Instituto*, la misma mañana que debíamos viajar a Colombia. El director de la *Misión Latinoamericana*, el Dr. Enrique Strachan[3], nos casó.

La boda de Pedro Gutiérrez y Fanny Hogg se realizó en Costa Rica el día 26 de noviembre de 1937.

En el año de 1937, la *Misión Latinoamericana* empezó actividades evangelísticas en la costa norte de Colombia en el departamento de Bolívar. Allí fueron enviadas dos misioneras para empezar la obra de evangelización. En este departamento no existía sino una pequeña iglesia evangélica, dirigida por la *Misión Presbiteriana*. Por lo tanto dos millones de personas no conocían nada del Evangelio, ni habían leído la Biblia.

Mi esposa y yo antes de salir de Costa Rica, nos comprometimos con Dios y la *Misión Latinoamericana* para servir en esa región de Colombia. Pero antes, fuimos a visitar a mi familia en la región de la Albania, departamento de Caldas. De allí viajamos por el Río Magdalena hasta el puerto de Magangué en el departamento de Bolívar. De Magangué viajamos a Sincelejo en un camión por un camino que no era carretera terminada, sino acondicionada para pasar carros en el verano.

Evangelización en Sincelejo

En enero de 1938 empezamos el trabajo diario en la ciudad de Sincelejo, la segunda ciudad más importante en el departamento de Bolívar. Allí no había ningún cristiano evangélico. Hubo algunos adventistas que habían fracasado, porque el director había cometido una gran falta que era conocida por toda la ciudad. Cada día yo salía a evangelizar con un compañero llamado Manuel Díaz quien también había estudiado en el mismo *Instituto* de Costa Rica.

La evangelización se hacía difícil por el rechazo que el pueblo les tenía a los adventistas. Teníamos que explicar a cada familia que no éramos adventistas, que guardábamos el domingo, y que sí ¡comíamos chicharrones! Cada semana el Señor tocaba el corazón de personas que se convertían, y nos pedían más explicaciones. Como no teníamos ningún libro de explicaciones sencillas, escribí varios folletos con preguntas y respuestas, y así preparamos a los nuevos convertidos.

Debo aclarar que en esta época el 70% de la población no sabía ni leer ni escribir. Pero con este esfuerzo, en el primer año ya teníamos una iglesia de más de 20 personas, y el Dr. Enrique Strachan celebró los primeros bautismos.

Evangelización a los pueblos vecinos de Sincelejo

Desde Sincelejo, cada dos semanas iba a visitar los pueblos como Corozal, Ovejas, Chalán, Palmitos y Zabán. Llevaba Biblias, Nuevos Testamentos y tratados explicativos. Cuando era posible tenía reuniones con las familias para explicarles la Biblia.

Un día, llegué al pueblo llamado Palmitos como a las 2 de la tarde. El sol era muy fuerte, y tenía mucha sed. En una casa pedí que me regalaran un vaso de agua. Me dieron agua fría, pero sacada de un pozo que tenían en el patio de la casa. Yo la tomé con mucho agrado. Después de tres días de evangelizar en ese pueblito, regresé a mi casa a Sincelejo. Pasadas dos semanas me empezó una fiebre de Tifoidea.

Primer milagro en mi cuerpo

En aquel tiempo, le tocó al Rvdo. Gutiérrez andar a caballo en la realización de muchas de sus labores.

En Sincelejo no había sino un sólo médico. En esta época no existía la *Penicilina* para las infecciones. El médico me trató con pastillas de *Sulfatiazol*. La fiebre persistió en mi cuerpo hasta por 19 días, y ya me sentía muy débil. Una noche a las siete empecé a sangrar por la nariz. La sangre no se detenía. Fueron a llamar al médico, pero este estaba en su finca varias horas distante. Cada momento me iba debilitando y ya sentía un silbido en mis oídos como que se me iba la vida. En vista de mi condición, como a las 9 de la noche, después de dos horas de sangrar, mi esposa Fanny se arrodilló y puso sus manos sobre mi cabeza y dijo al Señor: "Pon Tu mano sanadora sobre Pedro, deténgale esa sangre, que no le salga y que sea sanado con Tu gran poder". Le rogó con toda la fuerza de su vida, y yo también rogué a Dios que tuviera misericordia de mí. Al terminar la oración yo sentí el milagro sanador. La sangre se detuvo instantáneamente. Era Dios haciendo Su obra. Esa noche estuve bien seguro de que Dios me había sanado. Pasé diez días más con un poco de fiebre hasta que desapareció completamente.

Comienzo de la obra evangélica en Montería

Entre Sincelejo y Montería había un camino para carros pequeños solamente en los meses de verano. Durante el tiempo del invierno se podía llegar a Montería únicamente por el Río Sinú. No había carretera, ni llegaban aviones. En Montería encontramos dos personas que eran cristianas convertidas y

La congregación en Montería.

que pertenecían a la *Iglesia Presbiteriana* de Cereté. Estos creyentes no asistían a ninguna reunión porque no había en la ciudad ninguna actividad cristiana. Ellos nos ofrecieron su casa para que hiciéramos reuniones. Después de dos semanas de evangelización casa por casa, ya teníamos algunos interesados que deseaban escuchar más de la Biblia. El primer mes la asistencia llegaba hasta quince personas. A fines del año fueron bautizados los primeros creyentes. Este primer bautismo fue realizado por el Dr. Enrique Strachan.

Teniendo estos bautizados, se organizó la iglesia, eligiendo tesorero, diáconos, diaconisas y otros oficiales necesarios. Antes de cinco años, la *Misión* compró un terreno para la edificación de un templo. El templo, construido años más tarde, fue un edificio muy amplio y cómodo. También se edificaron varios salones para la escuela diaria y para las actividades de la iglesia. En esa escuela han estudiado la educación primaria muchos niños, tanto de familias cristianas como de otros credos.

Nuevas Congregaciones

Desde Montería iba cada mes a visitar los pueblos vecinos con el fin de organizar congregaciones. Para esa fecha la iglesia de Montería requería atención tanto para los estudios de los domingos, como cultos de oración, y para la visitación de los creyentes. La única persona que me podía ayudar en la iglesia era mi esposa Fanny. Además de ser enfermera, había estudiado varias materias apropiadas en el *Instituto Bíblico de Costa Rica*. Por lo tanto estaba capacitada para enseñar la Biblia a niños y adultos. Así que en mi ausencia por los viajes, ella dirigía el culto de oración y predicaba el mensaje los domingos. Además, escogió varias jóvenes de la iglesia para darles algunas lecciones de enfermería. Les enseñó a aplicar inyecciones, y a atender las madres después del nacimiento del bebé. A otras les enseñaba a coser, bordar y otros oficios domésticos. Tocaba el órgano portátil en los cultos, y organizaba coros y conjuntos musicales para cantar en la iglesia. Ella se encargaba de programas especiales de Navidad, no sólo para la iglesia, sino también para llevar a otras congregaciones como San José del Totumo. Todo esto lo hizo además de cuidar de nuestros dos niños que eran muy pequeños y requerían atención especial. Ella sí que era una verdadera ayuda idónea para mí y para la causa del Señor. Por ella siempre alabo a mi Salvador.

San José del Totumo

Este era un caserío distante de Montería como tres horas a caballo. Allí llegué por primera vez a la casa de una familia Pérez. Los habitantes de esta región eran cuatro familias que se reunían en la casa más central. La primera vez demoré tres días con ellos, explicándoles en el día y la noche las enseñanzas de la Biblia. A ese lugar iba una vez al mes. Las gentes de este lugar eran analfabetas. Solamente un señor, Víctor Velázquez, podía leer y escribir. Para hacerme entender tenía que hablarles con preguntas y respuestas, y repetición constante. En esa forma pudieron entender la salvación, y aceptaron al Señor como el Salvador personal.

Todos los interesados pidieron que los domingos se les enseñara algo de la Biblia, porque ese día no trabajaban, y los niños también necesitaban aprender. Para hacer ese servicio de enseñar los domingos nombré al hermano Víctor Velázquez, y le conseguí un manual para estudiar y enseñar. A este hermano le gustó mucho poder hacer algo para el Señor, pero surgió un problema con este creyente. Él no se había casado; vivía con su mujer y tenía cuatro hijos. Consulté esto con la misionera en Montería que era jefe encargada de la Misión. Ella me dijo que no debía poner como maestro bíblico a un hombre que no fuera casado legalmente. En esos pueblos no había ni una pareja casada.

Yo no quise suspender las clases porque el maestro y todos los alumnos, grandes y pequeños, estaban recibiendo enseñanza de la palabra de Dios. En este año el Manual Bíblico que usaba para enseñar cada domingo trajo una serie de estudios sobre el matrimonio. Este hermano tuvo que enseñar a la congregación sobre el pecado que era vivir en adulterio y fornicación. Un día él vino a mi casa y me dijo: "Hermano Pedro, este domingo pasado tuve que enseñar sobre el pecado de vivir en fornicación y concubinato. Los que asistieron me dijeron, 'Si enseña eso que dice la Biblia, ¿por qué usted no se casa?'" Y siguió diciendo, "Quiero que me arregle mi matrimonio en esta misma semana".

Hacer un matrimonio civil era muy difícil, porque los jueces nunca lo habían hecho, y los jueces tenían temor de la crítica de los sacerdotes de la *Iglesia Católica*. Después de varios meses el Señor nos ayudó a triunfar sobre toda dificultad; ese matrimonio civil fue realizado y, en presencia de la congregación, se celebró la ceremonia religiosa. Después de este, muchos otros matrimonios se celebraron, y la iglesia se estableció fuerte y poderosa.

Congregación de Planeta Rica

Esta es una población en el departamento de Córdoba. Es cómo un puente dónde se unen las carreteras que vienen de Medellín a Cartagena y a Montería. A este pueblo llegué por primera vez con un joven de Guatemala que el *Instituto Bíblico* de Costa Rica envió durante las vacaciones de verano para ayudarnos en la evangelización de la costa norte de Colombia. Ninguno de los dos conocía el camino para llegar a Planeta Rica, pero en forma maravillosa Dios dirigió nuestro camino. Faltando unas dos horas para llegar a Planeta Rica, un señor nos alcanzó, nos acompañó a la población, y nos llevó hasta su casa. Este señor se llamaba Delfín Garcés. El había oído el Evangelio en Montería; era mi amigo y me había invitado a visitar su casa porque deseaba que su familia conociera el Evangelio.

En Planeta Rica conocimos un hombre que se llamaba Robinson Arroyo. El tenía algo de conocimiento de la Biblia. Nos ofreció su casa para predicar y para hospedarnos. En esta población continué haciendo servicios y evangelizando cada tres meses. Se formó una pequeña congregación que fue creciendo hasta que el día de hoy hay una iglesia grande que se ha multiplicado en toda la región.

Salvado de las aguas en el Río Carolina

Cerca de Planeta Rica hay un río llamado Carolina. Para llegar a la población había que cruzarlo dos veces. Cuando llovía mucho se crecía hasta impedir el paso por ese camino. En uno de mis viajes a Planeta Rica, encontré el río bien crecido. Intenté cruzarlo, pero cuando el caballo llegó hasta la mitad del cauce, se devolvió y no pude obligarlo a seguir. Al devolverse se dejó caer en el agua. Fue necesario levantarle la cabeza para que no se ahogara. Por unos 15 minutos le mantuve la cabeza levantada y el caballo temblaba como si tuviera un fuerte calambre. Lo obligué a levantarse y se paró. Toda mi ropa se había mojado. Las Biblias y Nuevos Testamentos que llevaba se mojaron. El caballo ya había reaccionado, ¿pero qué haría yo? No había una casa cerca para ir y pasar la noche.

Recostado sobre el caballo, clamé al Señor diciéndole: "¿Qué hago Señor? No puedo devolverme y no puedo seguir adelante, y no hay casa cerca donde puedo entrar. ¿Qué hago Señor?" En este momento apareció un hombre vestido de campesino. Le pregunté, "¿Qué puedo hacer, señor? ¿Cómo puedo cruzar este río tan crecido?" Me respondió, "Siga por la orilla del río, y cuatro kilómetros abajo encontrará un puente de madera. Puede pasar por ahí y encontrará el camino a Planeta Rica". Le di mis agradecimientos, y seguí por un camino que no era muy transitado, y por lo tanto estaba casi tapado. Llegué al puente y noté que faltaría unos diez centímetros para que el agua pasara por encima. Me bajé de mi bestia, y me fui adelante halándola con mucho cuidado. Al puente le faltaban algunas tablas, pero el caballo fue muy cuidadoso al pasar por esos vacíos hasta llegar al otro lado.

Alabé al Señor por Su gran ayuda con ese puente. Pero, ¿quién era ese hombre que me guió? Estoy seguro que el mismo Señor se vistió de campesino para ayudarme. Posiblemente yo fui la última persona que pasó por ese puente. Este fue otro gran milagro que yo vi en mi servicio al Señor. Gracias al Señor porque durante toda mi vida ha salido a mi encuentro para guiarme en mi camino.

Congregación de Providencia

Esta población está ubicada en el departamento de Bolívar, en una zona selvática. En este tiempo la mayoría de los habitantes eran personas que huían de la justicia por maldades que habían cometido en sus tierras y, para escaparse del castigo, se habían entrado a esa selva y se habían quedado a vivir en ese lugar. La policía nunca llegaba a ese pueblecito por temor de ser atacados. El gobierno de Sahagún, que era la cabecera municipal de ese corregimiento, había mandado a quemar esa población de Providencia, pero nadie se había atrevido a hacerlo. Siempre he pensado que era dando tiempo hasta que la luz del Evangelio llegara a ese lugar.

El hermano Delfín Garcés me acompañó la primera vez que llegué a ese pueblo. Me hospedé en casa de un señor de nombre Santamaría Gil quien servía de inspector de policía local. En la plaza había una pequeña tienda que en las noches se alumbraba con una lámpara de gasolina. Yo le pedí al dueño de la tienda que me prestara la esquina de su casa y el uso de la lámpara para predicar el Evangelio; con mucho gusto me permitió usar la luz y la esquina de su casa para lo que yo deseaba hacer.

Como a las 7 de la noche me paré en la esquina bajo la luz, y empecé a cantar un coro para atraer la atención de algunos que estaban cerca. Cuando ya pude ver como diez personas cerca de mí, empecé a leer Primera de Juan 1:7. Repetí muchas veces las palabras: *"La sangre de Jesucristo Su Hijo nos limpia de todo pecado"*.

En pocos minutos llegó otro grupo, y yo volví a empezar mi mensaje. Eso lo hice por tres veces hasta que una buena cantidad de oyentes podía aprender. Repetí las tres grandes verdades: Reconocer nuestros pecados, confesarlos al Señor, y creer que la sangre de Cristo nos limpia nuestros pecados. Esta noche yo sentía un gran peso en mi alma por esas gentes que nunca habían oído el Evangelio.

Yo dormía en un cuarto a la orilla de la calle. Como a las 5 de la mañana un hombre tocó a mí puerta y me dijo: "Señor, véndame un libro de esos que dice: *La sangre de Jesucristo me limpia de todo pecado*". Abrí la puerta, y le vendí el Nuevo Testamento que solamente costaba 25 centavos. Le mostré el lugar donde estaba escrito ese pasaje. Le doblé la hoja para que lo encontrara con facilidad. Me dijo que salía en esa hora para el Río San Jorge donde tenía su familia, y que les iba a enseñar ese librito. Oré por él antes de salir. Pasaron varios años hasta que supe que ese hombre a quien le había vendido el Nuevo Testamento se llamaba Víctor Landero. Había compartido el librito con su familia y con sus vecinos. Había ido a Montería y Sincelejo para comprar Biblias, y se había dedicado al estudio de las Sagradas Escrituras. El resultado de ese Nuevo Testamento vendido esa mañana en Providencia fue la salvación de muchas almas, y el establecimiento de varias iglesias a lo largo del Río San Jorge. La iglesia en Providencia se estableció y se organizó con oficiales. De allí salieron pastores y líderes del pueblo de Dios.

Congregación de Las Claras

Muy arriba del Río Sinú, en la desembocadura del Río Las Claras, hay una finca que pertenecía a una familia cristiana. El padre de la familia vino a Montería donde yo servía como pastor de la iglesia que había fundado al comienzo de mi ministerio muchos años antes. Este hermano me pidió que fuera a visitarlos, que ellos eran solamente dos personas que conocían el evangelio, y que deseaban conocer más de la Biblia. Para llegar de Montería hasta Las Claras uno viaja parte en bus, y otro día en lancha por el Río Sinú. Cuando llegué por primera vez a ese lugar, muchas personas interesadas me esperaban con el gran deseo de oír la Palabra de Dios. Estuve allí tres días celebrando reuniones cada noche y durante el día, dándoles instrucciones sobre la Biblia. Mucha gente vino de los campos porque allí no había población sino fincas, aunque ya se empezaban a levantar algunas casas de lo que habría de ser un pueblo, en su mayoría compuesto por personas cristianas.

En vista de la demostración de mucho interés de oír el Evangelio, el Sr. Manuel, dueño de la finca, ofreció un pedazo de terreno para construir la capilla. Yo hacía viajes a ese lugar cada tres meses. Los hermanos que eran muy fieles y muy interesados en su progreso espiritual, decidieron construir una capilla con capacidad para cien personas. De las maderas de sus fincas construyeron bancas para sentarse la gente. Para que el pastor en sus viajes tuviera dónde dormir, construyeron un cuarto para su alojamiento. Entre los asistentes, dos personas fueron preparadas para enseñar la Biblia. Los fieles se reunían cada domingo para adorar al Señor y para estudiar la Palabra de Dios.

Esta fue una congregación que creció con el cuidado del Buen Pastor, con la dirección del Espíritu Santo, y por la fidelidad de todos los creyentes. El Espíritu Santo se manifestó en forma poderosa.

En una de las visitas que hice a ese lugar, llegó un hombre de un sitio distante de la capilla. Venía dispuesto a no dejarse convencer del predicador, ni de ninguno que tratara de hacerlo. Amarró su caballo cerca de la capilla y entró a la reunión. Estuvo muy atento, como uno que desea saber lo que se decía, para oponerse y rechazarlo. El Señor le tocó en una forma muy poderosa, convenciéndole de pecado, de justicia y de juicio. El abrió su corazón al Señor y decidió rendirse a Él en forma definitiva. La noche siguiente volvió este hombre y contó a la congregación cómo el Señor lo había convencido de sus pecados, cómo ahora se sentía una nueva criatura, y prometió serle fiel hasta la muerte. Gracias al Señor porque Él puede convencer el corazón más duro.

Traslado a Cartagena

La Misión me trasladó a Cartagena, la capital del departamento de Bolívar. Allí tuve la oportunidad de atender dos iglesias. La que se llama El Buen Pastor era una congregación nueva que necesitaba la ayuda constante de un pastor. La otra se llamaba El Templo Evangélico. El Señor me ayudó para ganar almas salvadas por la sangre del Señor. Desde Cartagena viajaba a los pueblos cercanos para llevar el evangelio.

Congregación de Pasacaballos

Esta es una población distante de Cartagena dos horas en bus. Yo iba a ese lugar cada dos semanas. Con frecuencia viajaba en bicicleta, pero era muy fuerte el calor que había que soportar. En este pueblo se convirtieron varias personas, y una de ellas ofreció su casa para celebrar los cultos los domingos y durante la semana. Las reuniones eran bien concurridas. Dos personas fueron preparadas para dirigir los servicios y enseñar la Palabra. Espero que de las iglesias de Cartagena hayan seguido atendiendo esas congregaciones pequeñas, y que hayan continuado creciendo.

La ciudad de Magangué sobre el Río Magdalena (navegable por 1000 kms)

Traslado a Magangué

Después de varios años de servicio en Montería y Cartagena, fuimos trasladados a

Magangué, una población situada a las orillas del Río Magdalena en el departamento de Bolívar. Allí había una congregación pequeña empezada por el misionero Roberto Spencer con la colaboración de varias personas que trabajaban en la evangelización de los pueblos a la orilla de ese importante río. Allí tuve la oportunidad de servir al Señor por once años y medio. En este lugar me dediqué a la evangelización casa por casa, celebrando reuniones en los barrios de la ciudad. Esto resultó en que muchas personas asistieran a ellas, y muchos se convirtieron. Esta era una población donde se presentaban numerosas oportunidades de servir a la gente y de organizar congregaciones.

Congregación de Isla Grande

Abajo de Magangué hay una isla formada por el mismo Río Magdalena. Allí vivían muchas personas dedicadas a la agricultura. Algunos de ellos oyeron el Evangelio y se convirtieron con toda sinceridad al Señor. Siendo que había un buen grupo, decidieron edificar una capilla para sus reuniones. Usaron, como techo, la palma que crece en la misma isla, y la madera gruesa la trajeron de lugares fuera de la isla. La capilla sirvió para lugar de adoración y para atraer a muchas personas que deseaban conocer el santo Evangelio.

Trabajaban en la evangelización de los pueblos a la orilla de los ríos.

En esa isla el Señor hizo real un milagro de sanidad en la vida de una niña de diez años que se estaba bañando en el río con otros niños. Como no sabía nadar, se hundió en el lodo. Los compañeros la sacaron pero muy asfixiada. Casi no podía respirar. Todos los creyentes oramos rogando al Señor por la vida de la niña, y Él contestó las oraciones. La niña pudo respirar normalmente cuando el Señor la levantó de las aguas de la muerte. Este milagro ayudó a muchos a buscar al Señor con todo el corazón. La capilla fue destruida por una gran creciente del río que inundó toda la isla y destruyó la agricultura. Por eso la gente se vio obligada a salir dejándolo todo.

Congregación de Barranca

A una hora y media de Magangué por carretera hay una población que se llama Barranca. Allí, con la ayuda de Dios, organicé una congregación compuesta de personas convertidas, y que con mucho interés se reunían cada domingo. Yo iba a ese lugar cada dos semanas para enseñarles la Biblia, enseñarles a orar, y prepararlos para ser bautizados.

Pedro como piloto de la lancha evangelista El Heraldo.

En Barranca, como siempre lo hacía en cada lugar, preparé líderes para que se encargaran de la administración de la congregación, para que pudieran enseñar la Biblia y predicar en los cultos generales. En esa forma no se suspendían las reuniones en mi ausencia, y los líderes se capacitaban cada vez mejor por medio de manuales que les ofrecía.

En la iglesia de Magangué tenía seis líderes que podían predicar en caso de mi ausencia. El Señor bendijo la iglesia utilizando sus propios miembros para extender Su mensaje.

Congregación de Ayapel

Ayapel es una población situada al sur del departamento de Córdoba. De ese lugar vino una señora con su hija a Magangué para hacer algunos negocios. Se hospedaron en casa de una familia cristiana. Al siguiente domingo las llevaron a la iglesia, y compraron una Biblia. Les di algunas explicaciones sobre el Evangelio, y otras indicaciones sobre cómo usar la Biblia. Ellas regresaron a su casa y allá, con toda la familia, se dedicaron al estudio de la Palabra de Dios sin tener alguna persona que les diera explicaciones. Pasaron como cinco meses sin saber nada de ellas, hasta que un día vinieron a Magangué las mismas dos personas. Al domingo siguiente vinieron a la iglesia y entregaron varios miles de pesos que había reunido toda la familia, para darles como ofrenda al Señor. Explicaron como habían aprendido por la lectura de la Biblia a dar ofrendas y diezmos de sus bienes. La madre de la familia ordenó a todos reunirse cada domingo para leer la Biblia. La lectura siempre la hacía la hija quien era la que había estudiado. Los otros hermanos no sabían leer. Por lo tanto esta hermana les servía de maestra.

En esta ocasión me pidieron que fuera a visitarlos para que confirmara en la fe a todos los hijos, pues no había un predicador. Para viajar de Magangué a Ayapel se podía ir en lancha por el Río San Jorge durante tres días. También se podía viajar en avión directamente de Magangué a Ayapel. Ellas me compraron el pasaje en avión hasta Ayapel y prometieron encontrarme en el aeropuerto. Así aconteció. Cuando hice el viaje, allí me encontraron, me llevaron a su casa

El pastor Pedro aconsejaba a los creyentes, celebraba matrimonios y fortalecía las congregaciones en muchos lugares.

y estuve con ellos varios días. Durante este tiempo nos reuníamos durante el día y en las noches. En el día les enseñaba cómo usar la Biblia, y en lo posible, el conocimiento general del Evangelio y de las doctrinas básicas. La iglesia de Ayapel creció y llegó a ser fuerte por el número de creyentes, y por la estabilidad de su fe. Todos seguían siendo instruidos por la señorita Olínda Acevedo, quien, por estudiar la Biblia, llegó a adquirir más conocimientos. Esta señorita tenía el don de evangelista, pues era una persona que daba el Evangelio a toda persona que encontrara a su paso.

Intento de secuestro a mi hijo Pedro Luis

Mi hijo Pedro Luis hizo los estudios primarios en San José, Costa Rica, viviendo con sus abuelitos. Fue para él un tiempo muy provechoso porque sus abuelos y sus tíos lo apreciaban mucho. Para hacer sus estudios secundarios, resolvimos traerlo a vivir con nosotros en Magangué donde vivíamos en ese tiempo. Lo matriculamos en un colegio de bachillerato dirigido por un señor muy bueno, con ideologías muy libres. Pero el profesor de religión era un cura boyacense, quien era muy sectario y gran enemigo del pueblo cristiano evangélico. Pronto se informó que mi hijo no era católico y por lo tanto desconocía todas las prácticas del catolicismo.

Un día, sabiendo que Luis no había sido bautizado en la *Iglesia Católica*, el cura, por medio de un alumno, le mandó decir a Luis muchas cosas contra la fe evangélica y lo animó para que engañara a sus padres, diciéndole que nos pidiera que lo dejáramos salir un sábado para conocer la ciudad; que fuera a la iglesia y allí le iban a tener padrinos ricos que podían darle mucho dinero. También que al bautizarlo, podían mandarlo a estudiar a otra ciudad donde nosotros sus padres no lo pudiéramos encontrar, y que llegaría a ser una gran personalidad; pero quedándose con nosotros no llegaría a ser nadie, porque los evangélicos no valíamos nada ni éramos reconocidos por el gobierno.

Gracias al Señor, Luisito ya era un cristiano temeroso de Dios, y tenía mucha confianza en nosotros. Ese día cuando regresó a casa nos contó todo lo que el compañero de escuela le había dicho de los planes, que nosotros entendimos eran para el sacerdote bautizarlo y secuestrarlo, sacándolo de la ciudad o del país.

Grande fue nuestra preocupación por nuestro hijo. Desde entonces, cada día yo lo llevaba al colegio y lo traía, y estábamos muy pendientes de él. Fue a la vez una poderosa razón para clamar al Señor por el futuro de nuestros hijos, porque vivíamos gobernados por un clero capaz de hacer cualquier mal. Esta fue la peor experiencia que tuve en mi largo ministerio. En medio de esa grande angustia, Luisito terminó su tercer año en ese colegio, pero no podía continuar estudiando en el mismo lugar. Fue un año de agonía, y de constante oración al Señor quien contestó nuestras oraciones en forma sorprendente.

Ese año apareció en Magangué un hombre norteamericano que fue contratado por el gobierno de Colombia mediante la institución que se llamaba el INA (*Instituto Nacional Agropecuario*) para hacer unos silos y así almacenar granos. Esta pareja de norteamericanos eran cristianos y venían a nuestra iglesia todos los domingos para oír la Palabra de Dios. Él fue informado sobre la necesidad de la educación de Luisito. Sin que nosotros le dijéramos algo, él prometió pagar sus estudios en el *Colegio Americano* de Barranquilla.

Al año siguiente fui a Barranquilla y hablé con el pastor Juan Libreros que tenía en su casa un pequeño internado para estudiantes. Recibió a Luis, lo matriculé en el *Colegio Americano*, y allí continuó estudiando hasta que terminó su bachillerato.

El amigo norteamericano, mandaba todos los meses el valor de la mensualidad y, de vez en cuando, enviaba algo para comprar libros y ropa. Cuando Luis terminó su bachillerato, ese ayudador dejó de comunicarse con nosotros. Nunca más supimos de él. Nosotros nunca nos cansamos de darle gracias a Dios por la ayuda que nos dio en un tiempo tan especial como ése.

Plan de asesinar al pastor

A la iglesia de Magangué llegaron a asistir 30 parejas con sus niños. Allí celebré 45 matrimonios, pero solamente cinco parejas eran jóvenes y señoritas; los demás eran personas que vivían en unión libre, es decir sin casarse. Llegamos a tener asistencia de 300 personas en los cultos regulares, y en las reuniones de oración asistían como la mitad de los que iban regularmente.

Un domingo llegó al culto una pareja que demostró interés en continuar asistiendo. Volvieron a los cultos varías veces, pero en los últimos domingos ella venía sola. Un domingo ella entregó su vida al Señor con todo su corazón. Su conversión fue muy sincera. El día siguiente ella vino a nuestra casa para decirnos su gran preocupación. Dijo que al aceptar al Señor en su corazón, ella no podía seguir viviendo con ese hombre. Él era casado; vivía con ella hacía varios años y no llevaba una vida buena. Por lo tanto había dispuesto dejarlo y mudarse con su mamá. Después de dos días volvió a despedirse; ya tenía su pasaje para ir en avión hasta Barrancabermeja donde vivía su madre. Hacía el viaje sin decirle nada al hombre con quien vivía. Solamente le había hablado de lo imposible que era el seguir viviendo con él, siendo que era para ella un gran pecado. Se despidió de nosotros, y nos pidió que la recordáramos en nuestras ora-

Rvdo. Pedro y Fanny Gutiérrez en el templo de la primera iglesia en Magangué.

ciones. Se fue y nunca más volvimos a verla. El marido de ella, cuando se dio cuenta de que se había marchado, se puso muy enojado no solamente contra ella, sino también contra el pastor de la iglesia evangélica. Según él, nosotros éramos los culpables de que ella se hubiera ido y lo hubiera dejado.

Pasaron unos dos meses y un día, haciendo visitas a los creyentes, lo encontré en una casa. Me llamó y me dijo que él había pensado matarme en los días cuando la mujer se había ido. Me dijo que había comprado un revólver y balas para asesinarme; que un día se había emborrachado y en ésa condición se dispuso a ir a la iglesia para matar al pastor. En el camino se encontró con un amigo y le contó que iba a matar al pastor de la iglesia evangélica porque había aconsejado a la mujer para que lo dejara. El amigo le dijo: "No cometas ésa locura. Si la mujer se fue y te dejó es porque no te quiere. Aquí hay muchas mujeres mejores que ella. Puedes conseguir otra, y no cometer tan grande mal". Este hombre, a pesar de estar bien embriagado, reaccionó y se devolvió del camino y dejó sus planes de matarme. Esto me lo contó el mismo hombre. Yo tuve la oportunidad de explicar lo que Dios hace en la vida de las personas que se convierten y se entregan a Él. Lo invité a volver a la iglesia, pero nunca volvió. Mi esposa y yo dimos gracias al Señor por cuidarnos y cambiar los planes de aquel hombre.

Mi segundo matrimonio

Mi primera esposa, Fanny, era costarricense. Era una de las primeras enfermeras de la *Clínica Bíblica* en San José, Costa Rica. Después de nuestro matrimonio en Costa Rica, fuimos a servir al Señor con la *Misión Latinoamericana* la cual había empezado una obra misionera el año anterior en el departamento de Bolívar, Colombia. Fanny era enfermera muy competente. Trabajaba todos los días aplicando inyecciones, atendiendo casos de maternidad, y visitando a las pacientes. Su servicio no era únicamente profesional, sino también misionero. Las pacientes le preguntaban sobre la fe evangélica. Ella con frecuencia les llevaba porciones de la Biblia, y algunas veces me pedía ir a explicarles a sus pacientes las verdades del Evangelio. Cuando yo viajaba, ella, además de cuidar de nuestros dos niños, atendía la congregación, dando estudios bíblicos, y muchas veces predicando en las noches. En ese servicio constante me acompañó durante 35 años. El Señor la llevó a Su santa Presencia, y yo me quedé solo sirviendo en la *Iglesia Interamericana "Calle Cuarta"* en Bogotá. Para este tiempo el Señor nos había llamado a trabajar con la *Misión Interamericana*, conocida en el mundo como la *Oriental Missionary Society*[2].

Teresa - "Una compañera idónea".

Pasaron dos años de gran soledad. No me alimentaba ni me sentía bien, hasta el punto de que me convencí que no podría continuar solo. Rogué al Señor con todo mi corazón, y le dije: "Señor, si quieres que Te siga sirviendo como pastor, concédeme una compañera idónea para continuar mi ministerio". El Señor contestó mis peticiones y me presentó a Teresa Lizarazo quien terminaba sus estudios en la *Escuela Normal* de Cúcuta. En febrero de 1975 celebramos nuestro matrimonio, y continuamos sirviendo al Señor en la iglesia de la *Calle Cuarta*. Teresita ha tenido un ministerio múltiple; esto incluye la enseñanza en las escuelas de la *Misión Interamericana*, la enseñanza en las iglesias, la práctica de música, y el liderazgo entre la juventud de la iglesia. A pesar de ser muy joven, ella supo comprender mi llamamiento al servicio cristiano y ayudarme como la mujer cristiana que el Señor preparó para ser la ayuda idónea que yo necesitaba nuevamente. Ella ha podido superarse en sus estudios, sacando la licenciatura en Español de la *Universidad Gran Colombia* en Bogotá. Alabo al Señor por haberme bendecido con Teresita.

La congregación en Zulia, Boyacá

Zulia está en el área de Maripí del Departamento de Boyacá, seis horas distante de Bogotá hasta el lugar donde lo deja el bus. De allí son dos horas hasta la región de Guarumal, andando a caballo. Hay que cruzar colinas y riachuelos que son intransitables en el invierno.

La obra evangélica empezó en este lugar por un campesino de nombre Eulises Hernández. Él oyó el Mensaje por la emisora *Radio Transmundial* en las voces de Domingo Fernández y José Andrade Crespo, y también por *La Voz de los Andes* de Quito, Ecuador. Este hombre oía todos los días el Mensaje por su pequeño receptor. Un día tuvo un accidente en el cual casi pierde la vida. Su testimonio, que es muy impresionante, está narrado en el relato titulado: *Salvado del abismo de la muerte* (véase página 49).

La casa de Eulises Hernández sirvió como capilla para la reunión de los primeros creyentes. Hubo un crecimiento notable. Gentes venían de largas distancias a oír la Palabra de Dios. Yo iba

"... *Bautizándoles en el nombre del Padre, y del Hijo, y del Espíritu Santo*" (Zulia, 1981)

de Bogotá a esa congregación cada tres meses, y casi siempre me quedaba con ellos una semana. Durante este tiempo daba estudios bíblicos en el día y mensajes en las noches. Escogí varias personas para ser líderes, y les di estudios sobre cómo estudiar la Biblia y cómo enseñarla. En poco tiempo tenía cinco personas[4] que podían enseñar al resto de la congregación. Les hacía programas para mostrarles cuándo les correspondía enseñar en el culto de oración, en la escuela dominical, y las noches de domingos. Con la ayuda de estos líderes la iglesia siguió como si tuviera un pastor. Se realizaron bautismos y matrimonios, y mandamos algunos jóvenes a estudiar en el *Instituto Bíblico Peniel* de la *Misión Interamericana* en Cristalina, Antioquia. Desde ese tiempo, los creyentes han construido una capilla más grande con capacidad para unas 200 personas asistentes.

"La conversión de los pecadores no depende de los planes del predicador, sino de la acción poderosa del Espíritu Santo" -Rvdo. Pedro Gutiérrez S.

    La iglesia en este lugar ha pagado con la vida de hermanos que murieron a manos de hombres enemigos del Evangelio. Dos jóvenes muy activos y de mucha esperanza en el liderazgo, fueron asesinados por esos enemigos. En esta región con frecuencia hay muertos por borracheras y ambición a las esmeraldas. La congregación está situada en medio de dos minas de esmeraldas, y con frecuencia los que se embriagan matan a otras personas.

Salvado del abismo de la muerte

Eulises Hernández vivía en la región de Zulia. Él escuchó el Mensaje difundido por las emisoras *Radio Transmundial* y la *Voz de los Andes*. Entendió que el Evangelio era una verdad para él, pero ¿cómo podría leer la Biblia y escuchar la explicación de esas gloriosas verdades sí vivía en un lugar donde nadie conocía la Biblia? Además estaba muy distante de donde podría obtenerla. Pensó que esas verdades eran muy hermosas pero inalcanzables para él. Se preguntaba cómo podría leerla y saber más de ese maravilloso mensaje.

Un día, estando cortando madera en su finca, un árbol rodó sobre él, lo atrapó, y lo dejó sin poder escaparse y en peligro de morir bajo el árbol. En esta

Eulises Hernández - un evangelista intrépido
(Guarumal - 1976)

condición, pensando que había llegado la hora de su muerte, clamó al Señor desde lo más profundo de su ser diciendo: "Señor Dios Todopoderoso, he aprendido que Tu perdonas nuestros pecados, y nos libras de los peligros. Perdona todos mis pecados. Acepto al sacrificio que mi Señor Jesucristo hizo por mí. Líbrame de este árbol que me puede matar". Cuando terminó la oración, sintió que el árbol se movió, dejándolo en libertad para salir. Estaba bien maltratado, pero salvo. Vio el primer milagro que Dios hizo en su vida. Sintió una gratitud muy grande para el Señor y comprendió que lo había salvado, perdonado sus pecados y librado de la muerte. Su gratitud al Señor fue inmensa y continuó con sus deseos de estudiar la Biblia y conocer mejor a su Salvador.

En su radio escuchó por la emisora *La Voz del Carrare* de Vélez que, en la ciudad de Moniquirá se celebraban reuniones para explicar el Evangelio. Realizó ese viaje llevando a su esposa y otros nueve familiares. Después de dos días de viaje llegaron al lugar deseado, y la primera cosa que hizo fue comprar su Biblia.

Su voz llegaba por la radio a otros pueblos y naciones.

Asistieron a todas las reuniones que de día y noche celebraban. Al fin de esa semana el pastor y evangelista antioqueño, Joaquín Espinosa[2], anunció que algunos serían bautizados. Don Eulises le dijo al pastor: "Yo he creído en Cristo quien me salvó de la muerte y del castigo eterno. Quiero ser bautizado". Lo bautizaron sin ninguna duda, junto con cinco más de su grupo. Este hombre regresó a su casa convertido en un verdadero evangelista. Invitó a sus vecinos a venir a su casa todos los domingos para estudiar la Biblia y para orar. En menos de un año, su casa se había convertido en la primera iglesia cristiana en esa región. En unos meses más, se bautizaron 10 creyentes adicionales. Edificaron una capilla para sus reuniones. Se ha empezado otra iglesia con varios bautizados. Don Eulises no deja de anunciar la salvación que él experimentó en su propia vida.

Iglesia de Guachetá, Cundinamarca

Guachetá es una población tres horas distante de Bogotá. Está en una región carbonífera. Casi todos los habitantes trabajan en la mina de carbón. Allí vivía el señor Víctor Novoa, quien había oído algo del Evangelio y tenía la Biblia en su hogar, pero no era un cristiano convertido. Este hombre oyó el programa radial *El Tiempo Aceptable* que el evangelista Eduardo Fiorenza transmitía por la *Emisora Transmundial*. Este programa ofrecía a los oyentes estudios bíblicos titulados *Luz de la Vida*, empezando con el Evangelio según San Juan. En este tiempo yo estaba asociado con este programa radial. Desde Bogotá enviamos estudios, corregíamos las lecciones, y contestábamos las preguntas. Don Víctor Novoa escribió pidiendo más materiales, y diciendo que fuéramos a visitarlo a su casa en Guachetá porque deseaba conocer más de la Biblia. Nos pusimos de acuerdo, y el día señalado fui a ese lugar, acompañado de un joven de la iglesia donde yo trabajaba.

En el pueblo no conocía a nadie. Pregunté en la oficina de la empresa de buses si conocían al señor Víctor Novoa. Me contestaron que no lo conocían. ¿Qué podía hacer yo? Pedí al Señor Su santa dirección. Me dirigí a la próxima esquina de la plaza donde había un hombre escuchando música en su pequeña grabadora. Le pregunté si conocía al Sr. Víctor Novoa. Me dijo que sí, lo conocía pero que vivía lejos de la población. Siguió informando que en el pueblo vivía un hombre que era hermano de don Víctor. La atención de este hombre me pareció extraña; era la Mano de Dios dirigiendo nuestro camino.

La gente de este pueblo no entraba en confianza rápidamente y, por lo tanto, no ofrecía un servicio a un desconocido. Aprendí que Dios dirige nuestros pasos cuando estamos en Su servicio. En esta casa esperamos al hermano Víctor como una media hora, hasta que llegó con las compras para su hogar. No nos conocíamos con él, pero el encuentro fue como si fuéramos dos hermanos que no se hubieran visto por muchos años. Al llegar a esa casa fui informado que él había invitado sus vecinos para escuchar el Evangelio por primera vez. Al terminar la reunión esta noche, todos me pidieron que continuara visitándolos, y que les trajera Biblias, pues nunca la habían leído. Los invité a regresar a las 10 de la mañana del día siguiente para recibir otras explicaciones de la Palabra de Dios. Con el grupo que asistió en la noche, llegaron otras personas más. Tuvimos la primera Escuela Dominical en esa iglesia que nació ese día. Cada mes yo iba a aquel lugar para explicarles la Palabra de Dios. En corto tiempo se organizaron los servicios los domingos, y las reuniones de oración los miércoles. El mismo hermano Víctor Novoa se hizo responsable de dirigir y enseñar en esas reuniones.

El Rvdo. Pedro Gutiérrez, Fernando Casas y Pablo Castillo contemplan el sitio del futuro templo de Guachetá (1987)

La congregación de Guachetá fue creciendo en número de asistentes. Las reuniones se hacían en la casa del mismo hermano Víctor Novoa que estaba ubicada en una finca. Empezaron a asistir interesados que desde allí iban al campo. Eso hizo pensar a los creyentes en la necesidad de trasladar los cultos al pueblo. La congregación recibía las ofrendas y diezmos y los guardaban con el propósito de comprar una propiedad para hacer la capilla. Las reuniones en el pueblo se hacían en casa de una familia cristiana. Antes de los dos años se compró un terreno y se empezó a construir una capilla con capacidad para más de 60 personas.

Don Pedro

De la *Iglesia Confraternidad*[2] de la Victoria en Bogotá se trasladó a Guachetá un hermano con su familia para dirigir las reuniones de la iglesia. Después, Guillermo Palacios, un joven que se convirtió y que se bautizó en Guachetá, iba de Bogotá cada domingo con su esposa Yolanda e hijos para atender los cultos y hacer trabajo de consejería. Dios ha bendecido grandemente esta iglesia; muchas almas se han salvado y están sirviendo, llevando el Evangelio a otros lugares.

Guillermo ha servido a Dios por 24 años en el mundo industrial, y como fiel pastor en Bogotá con su familia.

Iglesia "Dios Con Nosotros" en Bogotá

Después de pasar dos años en Miami, Estados Unidos, sierviendo al Señor en una iglesia que empezaba con gentes latinas (Véase más en este tópico, página 69), mi esposa Teresita y yo decidimos volver a Bogotá para fundar una iglesia en el bario Granada Sur donde nosotros vivíamos. Allí encontramos uno creyentes que estaban como ovejas sin pastor, y que deseaban organizar una congregación en su barrio. En este barrio que colinda con el Veinte de Julio y con otros barrios vecinos, viven más de un millón de personas, y no había ninguna iglesia cristiana evangélica. Los cuatro creyentes que vivían cerca de nosotros, y nosotros, decidimos reunirnos cada domingo en mi casa para adorar al Señor y para estudiar la Palabra de Dios. Reuníamos las ofrendas y diezmos para el pago de alguna casa que pudiéramos alquilar para empezar la congregación.

Muy cerca de nuestra casa encontramos un apartamento bueno para las reuniones. Lo alquilamos y como no teníamos muebles para sentarnos, acordamos que cada creyente comprara una silla y la donara para la congregación. El domingo de *Resurrección* del año 1997 la congregación se orga-

Pastor, padre, esposo y líder, Don Pedro fue un hombre inspirador y digno de ser imitado.

nizó como iglesia, y más tarde se decidió darle el nombré de *Iglesia Cristiana "Dios con Nosotros"*. Esta iglesia reunió fondos para comprar y construir su templo, y Hernando Lombana y su esposa Nina, (hija de esta iglesia), quedaron encargados de la iglesia. Ahora han empezado actividades en una congregación en el Barrio Belén, y van cada domingo para evangelizar y enseñar la Palabra de Dios. Esta iglesia con la ayuda de Dios, será muy pronto, fuerte y próspera.

Preparación de Líderes

En todas las iglesias donde serví por varios años, preparé líderes para enseñar en la escuela dominical, para dirigir los servicios públicos y también para predicar en mi lugar cuando estuviera ausente. De estos resultaron varios predicadores. Menciono los siguientes:

Adán Gómez

Siendo muy joven, empezó a asistir a la iglesia en Montería con su madre y hermanos. Lo llevé conmigo a los viajes misioneros, y lo entrené para dirigir los cultos y para enseñar la Biblia. Como tenía buena disposición y gran deseo de servir al Señor, lo mandamos al *Instituto Bíblico* en Costa Rica donde cursó estudios ministeriales. A su regreso a Sincelejo, contrajo matrimonio con una joven cristiana y con ella sirvió por varios años como pastor en una iglesia recién organizada en Calamar, departamento de Bolívar. Su pastorado fue útil en varias otras congregaciones.

Manuel Hurtado

Este joven fue convertido a la edad de 14 años en la finca de un creyente de nombre Delfín Garcés. Una de las hijas del señor Garcés le enseñó a leer y escribir. Él puso todo interés porque sentía en su corazón el deseo de leer la Biblia. Fue llevado al *Instituto Bíblico* de Sincelejo que era dirigido por la *Misión Latinoamericana*.

Allí hizo los estudios y adquirió mayor conocimiento de la Biblia. Fue enviado al *Seminario Bíblico de Colombia* (SBC)[7] en Medellín donde consiguió muchos conocimientos de la Palabra de Dios. A su regreso, trabajó conmigo en Magangué evangelizando y ayudando en la iglesia en la enseñanza de la Biblia. Contrajo matrimonio con la señorita Cecilia Paternina de la iglesia de Magangué. Manuel y su esposa continúan sirviendo en el pastorado. El Señor le permitió ver gloriosos resultados en la salvación de almas. Para este tiempo todavía sigue sirviendo al Señor.

Víctor Garrido

Este joven trabajaba tocando guitarra y cantando en bailes y festividades en Montería. También pintaba cuadros que tenían buena acogida con el público. En su trabajo se enfermó, y el médico le indicó aplicarse algunas inyecciones. Por esta razón acudió a mi casa para que mi esposa Fanny le aplicara las inyecciones. Mi esposa le hablaba del Evangelio cada vez que venía a su tratamiento. Le regaló algunos Evangelios y lo invitó a venir a los cultos. El joven Garrido asistió y, por ser músico, se interesó mucho en la música de la iglesia. Asistió con regularidad a los cultos hasta que se convirtió de todo corazón al Señor. Me acompañaba a evangelizar y celebrar reuniones en los caseríos cerca de Montería. Fue creciendo en el conocimiento de la Biblia, y su interés por servir al pueblo se hizo muy fuerte. Con ese gran deseo de servir al Señor fue enviado al *Instituto Bíblico* en Costa Rica. En el *Instituto* aprendió mucho sobre la predicación del Evangelio. Cuando volvió a Sincelejo era muy buen predicador.

Algunos años más tarde fue a estudiar a los Estados Unidos de América. Allí aprendió a presentar el Evangelio por medio de pinturas iluminadas. Esto lo hacía con provecho, de modo que llegó a recibir muchas invitaciones en Colombia para presentar el Evangelio con ese nuevo método. Muchas almas se entregaron al Señor por este medio. Víctor Garrido contrajo matrimonio en Cartagena con una misionera norteamericana, y con ella sirvió como pastor de algunas iglesias en el departamento de Bolívar y Córdoba. Después de varios años de servicio en Colombia fue a vivir a los Estados Unidos de América, donde ha continuado su ministerio.

Luis Sepúlveda

Tendría 15 años cuando este muchacho llegó a mi casa en Montería. Venía del departamento de Antioquia, bajando por el Río Sinú hasta llegar a Montería. Supo que había una iglesia evangélica en Montería y vino a buscarnos. Había dejado a sus padres y familiares y se había dedicado al negoció viajando con artículos para vender. Se hospedó con nosotros, hizo sus negocios, y volvió a su tierra. Cada tres meses venía a Montería, y se hospedaba con nosotros. Eso nos dio la buena oportunidad de ayudarlo y guiarlo en su vida. Un día se entregó al Señor, y se convirtió a Cristo de todo corazón. Sintió el deseo y el llamamiento de prepararse para servir al Señor. Lo mandamos a hacer sus estudios ministeriales en el *Instituto Bíblico* en Costa Rica.

Al terminar sus estudios vino a Cartagena para servir al Señor con la Misión Latinoamericana. Sirvió varios años en los departamentos de Bolívar y Córdoba. Su servicio fue una gran bendición para las iglesias de esta región de Colombia. Recibió una invitación para ir a la ciudad de Cali en el departamento del Valle, y allí fue de gran bendición para la iglesia donde servía. Siendo un hombre de mucha ambición, se trasladó a Nicaragua en Centroamérica donde sirvió al Señor con mucho éxito. En Nicaragua encontró una joven cristiana muy especial con quien contrajo matrimonio. Su esposa lo ayudó a organizarse en forma estable en el pastorado. El Señor lo usó realizando grandes campañas evangelísticas en diferentes países de Centro América. Además consiguió ser invitado a una campaña en Venezuela, y otras en el norte de Colombia.

Freddy Lizarazo

A este muchacho, sobrino de mi esposa Teresa, lo fui guiando en el conocimiento de la Biblia desde muy jovencito. Se convirtió al Señor con todo su corazón, y desde ese instante demostró el deseo por servir al Señor. Asistía a los cultos y se ofrecía para hacer cualquier servicio en la iglesia. Después de terminar su bachillerato, lo animamos a recibir estudios bíblicos y teológicos en el *Seminario Bíblico de la Alianza Cristiana y Misionera*[5] en Bogotá. Mientras cursaba sus estudios, predicaba en las iglesias de la *Confraternidad Cristiana*. Dirigía grupos de jóvenes, llevándolos a los campamentos. Lo nombraron pastor de jóvenes en la *Iglesia Confraternidad* del *Colegio Interamericano*[6].

Freddy Lizarazo y Daniel Gutiérrez fueron activos en la iglesia de Granada Sur, Bogotá.

Hoy en día cuando viajo de los Estados Unidos a Bogotá, este joven siempre viene a mi casa todos los días a preguntarme sobre asuntos teológicos; sobre cómo atender los jóvenes, sobre los métodos de la predicación, sobre cómo hacer el llamamiento a aceptar al Señor, y sobre muchas otras verdades relacionadas con el pastorado. Con frecuencia él me presenta jóvenes que son considerados líderes, para que yo les hable y conteste preguntas, y les dé consejos sobre la vida cristiana y sobre el llamamiento al servicio activo en la iglesia. El joven Freddy será un reemplazo en mi santo ministerio.

Don Pedro

Don Pedro siempre hizo hincapié en la preparación de pastores y diáconos.

Discipulaba a líderes y jóvenes con mucha sabiduría de Dios.

Llamado de Dios para Atender Personas en Extrema Necesidad

"El cura la confesó, y está lista para morir"

En Montería, salí una mañana con mi maletín lleno de Evangelios. No tenía una dirección definida a dónde ir. En la primera esquina me detuve un momento pidiéndole al Señor que me mostrara un lugar, o una persona para visitar. Caminé unas cinco cuadras sin ninguna dirección. En la siguiente esquina me detuve nuevamente pidiendo al Señor Su santa dirección. Mientras esperaba, oí varios golpes en una casa próxima. Me dirigí allá y encontré una señora arreglando la sala. Le pregunté qué pasaba en su casa, y si necesitaba alguna ayuda. Ella me dijo, "Mi mamá posiblemente muera hoy, y por eso estoy arreglando la sala para hacerle el velorio". Le pedí me permitiera ver a su mamá y hablar con ella. La señora me dijo, "Entre y véala en el otro cuarto". En cuanto caminaba, me siguió diciendo, "Hace tres días vino el cura, la confesó, y está lista para morir". Entré, y le pregunté a la enferma, "¿Señora, usted está segura que sus pecados son perdonados?" Ella me dijo, "No. El cura vino, yo le dije mis pecados, y me dio la Comunión, pero yo siento que mis pecados no han sido perdonados". Tomé la Biblia y le leí algunos pasajes sobre el perdón de los pecados. La invité a pedir con toda su alma el perdón a Dios. Repitió la oración pidiendo perdón por la sangre del Señor Jesucristo. Le hablé como a una persona que no le quedan muchas horas de vida. Le pregunté cómo se sentía después de pedir perdón con todo su corazón. Me dijo, "Ahora sí siento que Dios me perdonó". Me despedí de ella, y al día siguiente volví a la misma hora. La hija, cuando me vio me dijo, "Lo estaba esperando porque mi mamá quiere que usted le hable más de su salvación". Le pregunté si siempre estaba segura de su salvación. Me dijo que sí; que estaba segura de su salvación, pero quería que le hablara algo más del cielo. Le hablé otra vez del perdón, y de la plena seguridad de ir al cielo. Por un largo rato estuve orando, leyéndole sobre la seguridad de su salvación. Al día siguiente murió. Acompañé a los familiares hasta el cementerio. Al domingo siguiente, varios de los familiares llegaron a nuestra iglesia evangélica. Gracias al Señor por guiarme a esa casa.

"Me siento livianito"

Asistía a nuestra iglesia en Montería, una familia compuesta de varias personas; con frecuencia llevaban al abuelito, un anciano que estaba un poco sordo. Un día vino a nuestra casa en la iglesia uno de ellos diciendo, "Hermano Pedro, favor de venir a nuestra casa para que le hable a mi abuelo, pues está muy enfermo y nos parece que puede morir pronto". Fui a la casa de ese abuelito; él se llamaba Juan. Como estaba sordo, me acerqué a su oído y le leí los versículos sobre el perdón de los pecados. Traté de explicarle lo mejor que me fue posible, como a una persona que por última vez oía de la salvación, y como a uno que está pronto para partir a la eternidad. Le invité que repitiera conmigo la oración pidiendo perdón y diciéndole al Señor que le salvara. Le pedí repetir la oración varias veces. Yo oré por él pidiéndole al Señor que lo salvara. Cuando terminé la oración, yo estaba un poco preocupado por estar seguro si él había entendido bien lo de su salvación. Entonces le hice esta pregunta, "¿Don Juan, cómo se siente después de haber pedido el perdón de sus pecados?" Me contestó así: "Me siento livianito". Por estas palabras yo entendí que el peso de sus pecados había sido quitado; que estaba en paz con Dios y dispuesto a encontrarse con el Señor. Lo visité varias veces después de este día, y cada vez él me afirmaba que Dios le había perdonado sus pecados y estaba seguro de su salvación. Estoy seguro de encontrarlo en el cielo porque sus pecados le fueron perdonados.

"Me iba a tomar este veneno"

A la casa pastoral en Montería, llegó un día un hombre que se dedicaba a pedir limosnas para vivir. Cuando llegó al lugar, el Señor Jesucristo me hizo entender que este hombre, además de necesitar dinero, también necesitaba de Dios. Le dimos algunos alimentos y algo de dinero, y le invité a sentarse y poner atención al mensaje. Le hablé como si fuera la última vez que él tenía para ser salvo. Lo invité a entregar su vida al Señor. Le invité que repitiera la oración pidiendo perdón de sus pecados. Luego yo oré por él y rogué al Señor que lo salvara. Se apoderó de mí un profundo deseo de ayudar a este hombre. Cuando terminé la oración, dediqué un rato explicándole lo relacionado con su vida, y lo que Dios pide de él. Terminado esto, este hombre sacó de su maletincito un frasco que contenía un liquido, y me dijo, "Mire Señor. Hoy tenía pensado que después de hablar con usted me iba a tomar este veneno que hay en este frasco, pero ahora no lo hago porque Dios me ha perdonado, me ha salvado, y entiendo que debo seguir viviendo hasta que Él me lleve a Su presencia". Me dio el frasco que contenía el veneno, y yo lo boté en un lugar donde ninguna persona podría encontrarlo. Este hombre llegó a la iglesia el siguiente domingo. Después se fue de Montería, y nunca lo volví a ver. Estoy seguro que Dios lo salvó y en el cielo debe estar gozando de la gloria eterna.

"Sin saberlo hospedaron ángeles"

Una mañana llegó a nuestra casa en Montería, un hombre que había conocido el evangelio en otro lugar. Tenía como meta viajar hasta Planeta Rica en dos días a pie, porque no había carretera. Pensaba seguir de Planeta Rica en un bus hasta Medellín donde esperaba encontrar una escuela evangélica para estudiar la Biblia. Su deseo era ser un obrero del Señor. Nosotros le dimos un buen desayuno, oré por él y le di algunos consejos sobre el viaje, y lo despedí.

Pasaron varios años. Entre tanto fui invitado por la *Misión Interamericana*[2] para visitar algunas congregaciones que ellos atendían en Turbo, Acandí, y la región de Santamaría la Antigua del Darién.

Cuando terminé ese viaje que duró una semana, volví á Turbo para una campaña de varios días. La primera noche entró un hombre que estuvo muy atento al mensaje. Cuando el servicio terminó, vino a verme y me dio un abrazo muy fuerte y me preguntó, "¿Hermano Pedro, usted se acuerda de mí?" Le dije, "Siento mucho hermano, pero no lo recuerdo". Me dijo que era el hombre que había llegado a mí casa en Montería, y que nosotros le habíamos dado de comer y yo le había dado algún dinero para el viaje de Montería a Planeta Rica. Me contó que había llegado a Medellín, había estudiado en un Instituto, y se había preparado para ser un pastor. Este era su primer pastorado en Turbo, y el Señor lo había bendecido mucho en Su servicio. Me repitió por varías veces sus agradecimientos por haberlo ayudado, y prometió orar por mí. Este día aprendí que esto es lo que el apóstol dijo: Que *"sin saberlo hospedaron ángeles"*.

"Mi mamá quiere que le hable más de Jesucristo"

En Magangué, una noche venía hacia mi casa. A la orilla del camino vi una mujer sentada en un banquillo. Se notaba muy triste y preocupada. Fui impulsado por Dios para acercarme a ella y le pregunté, "¿Qué le pasa Señora? ¿Está enferma?" Ella me contestó, "Aquí estoy esperando que mi mamá muera. Tiene tuberculosis, y ya hace días que está moribunda". Le pregunté, "¿Dónde está su mamá?" "Allí", y señaló un ranchito pequeño. Le pedí el favor de llevarme donde ella. Esta señora rechazó llevarme, porque ella ya no podía hablar. Yo insistí que deseaba conversar con ella para hablarle de su salvación antes que muriera. Me llevó a la chocita; la enferma no podía hablar, pero oía y entendía bien. Le presenté la salvación en forma muy clara, y la invité a pedir a Dios perdón por sus pecados. La señora repetía con una voz muy débil, pero sí entendía. Repetí a ella la oración indicándole que la sangre del Señor Jesucristo nos limpia de todo pecado. La tarde siguiente pasé por la misma calle y encontré, en el mismo lugar, la hija que me estaba esperando. Cuando me vio me dijo, "Señor, yo lo estoy esperando porque mi mamá quiere que le hable más de Jesucristo". Fui a visitarla, y me sorprendí al notar que ya podía hablar bastante claro. Pudo hablar conmigo, y me dijo que ella tenía paz porque sabía que Jesucristo la había perdonado. Le aseguré sobre su salvación. Repitió otra vez la oración pidiendo perdón. Le hablé de su seguridad de ser salva porque había confiado en su Salvador. A la mañana siguiente fui a visitarla, pero ya había muerto y los vecinos la habían llevado pronto al cementerio. No la volví a ver, pero estoy seguro de que está en el cielo gozando de la salvación que recibió en los dos últimos días de su vida en la tierra.

Estoy seguro de que fue salvo

En Zulia, Boyacá, un lunes en la mañana, después de terminar las reuniones en la iglesia en Guarumal, regresaba al pueblito con un misionero de nombre Keith Wonderly. Encontramos en Zulia a varios heridos de bala. Uno estaba muy grave. Oré por él y seguí el camino. En la esquina de la plaza había uno que había muerto, y en la otra esquina había otro que estaba muy mal. Me bajé del caballo y entré en la casa donde estaba ese enfermo. Hablaba muy débil, pero podía oír bien. Le leí la Palabra de Dios, y lo invité a repetir conmigo una oración pidiendo perdón por todos sus pecados. Le hice repetir la oración varias veces. Yo oré por él muchas veces, insistiendo al Señor por su salvación. Le pregunté si había entendido, y si estaba seguro de que Dios le había perdonado sus pecados. El herido meneó su cabeza y con una voz muy débil dijo que sí, que había recibido el perdón de sus pecados. Unos 20 minutos más tarde el hombre murió. Nosotros lo dejamos después de un corto tiempo, pero estoy seguro de que fue salvo, y que está en la presencia del Señor.

Muchas personas han llegado a amar al Salvador por las enseñanzas y oraciones de Don Pedro. Aquí aparece en Zulia con la familia de Eulises Hernández y algunos vecinos.

Ídolos enterrados

Guadalupe Jaraba era una mujer muy pobre. Vivía en la ciudad de Montería. Ella ganaba algo para sostenerse lavando ropas, y su esposo trabajaba en las fincas haciendo lo que le ordenaban los patrones. Ambos eran muy católicos, y practicantes de su religión. Vivían en una casa muy humilde que tenía dos alcobas pequeñas. En una vivía la pareja, y la otra la llenaron de imágenes, de cuadros de santos, y de toda clase de idolatría que ella había comprado. Los adoraban y les prendían velas todos los días.

Como éramos la única iglesia cristiana evangélica que había en la ciudad, llevábamos el Evangelio de casa en casa. Un día llegué a la casa de la señora Guadalupe. Me concentré a enseñarle el plan de la salvación. Le mostré el gran amor que el Señor Jesucristo había demostrado para ella hasta el extremo de ofrecer Su vida de sacrificio por ella.

Como se acercaban los días de la *Semana Santa*, la señora Guadalupe fue invitada a escuchar los mensajes del *Jueves* y *Viernes Santo*, y del *Domingo de Resurrección*. Ella asistió a todas las reuniones mientras que su esposo quedó en casa cuidando sus ídolos. El *Viernes Santo* el Señor tocó su corazón, se arrepintió de sus pecados, y prometió que seguiría el Señor hasta su muerte. Ese mismo día compró una Biblia y empezó a leerla como alguien que satisface una ardiente sed.

Después de algunas semanas, fui a visitar a la señora Guadalupe y quedé sorprendido por la gran noticia de que todos los ídolos que había en esa casa habían desaparecido. "¿Qué hizo con los cuadros, Señora Guadalupe?" le pregunté. Ella con voz muy firme dijo, "Leí la Biblia, y aprendí que todos esos cuadros que tenía en mi casa y que yo adoraba ofenden al Señor, y son pecado en mi vida. Por lo tanto unos cuadros los rompí, otros los quemé, y todos los enterré en un hoyo profundo para no ofender más a mi Salvador". Guadalupe habló a su esposo de la necesidad de ser salvo. Lo llevó a la iglesia y él se convirtió al Señor. Ambos siguieron fieles al Señor toda la vida después de su conversión. Las horas finales de esta cristiana fueron las más hermosas de su vida.

En la casa humilde en donde vivía, allí se enfermó para morir. Veinte minutos antes de morir, la fui a visitar otra vez en su pobre morada, y le pregunté, "Hermana Guadalupe, ¿cómo se siente en estos momentos?" Ella contestó con voz muy firme: "Muy bien. Hace unos momentos que el Señor vino y yo Lo vi, y me dijo, 'Pronto vengo por ti'". El Señor Jesucristo tardó 20 minutos después de estas palabras, y volvió para llevarla a Su gloria eternal.

La sangre

Humberto Ortega era un hombre pobre que vivía en un barrio de los más humildes en la ciudad de Montería. Trabajaba en las fincas donde los peones le contaban sobre las muertes de varias personas que por diferencias políticas se hacían muy violentos. Esto hacía que Humberto tuviera mucho temor de lo que le pasara a él y a su familia. Una tarde después de una fuerte lluvia, este hombre venía para su casa bien preocupado, pensando en qué pasaría si la violencia llegara hasta su barrio. Andando por la calle entre pozos de agua y lodo tenía que ensuciarse porque no había otra forma de llegar a su morada. Mirando hacia abajo vio en el lodo un pedazo de papel escrito con tinta roja, que decía: *LA SANGRE*. Al leer ésa palabra, Humberto murmuró y dijo, "¿A quién habrán matado?" Se agachó, tomó el pedazo de papel, limpió el lodo que lo cubría, y pudo leer las palabras completas que decían: *LA SANGRE DE JESUCRISTO NOS LIMPIA DE TODO PECADO*. Al leer estas palabras Humberto pensó: "El que mataron fue al Señor Jesucristo". Quiso leer todo el contenido del papel, pero le fue imposible porque el agua y el lodo habían destruido toda la leyenda. Lo único que pudo saber es que ese papel había sido distribuido por la *Iglesia Cristiana Evangélica* que existía en esa ciudad.

Al siguiente domingo Humberto asistió a nuestra *Iglesia Cristiana Evangélica*. Oyó con gran interés lo que le enseñaron de la Persona que había muerto por él. Al segundo domingo aceptó al Señor Jesucristo en su corazón como su Salvador y Señor, y en su vida se realizó lo que había leído en el papel lleno de lodo: *"La sangre de Jesucristo nos limpia de todo pecado"*. Este hombre habló de esa sangre salvadora a su esposa y a sus hijos, y compartió este mismo mensaje con sus compañeros de trabajo. Desde el instante que aceptó a Cristo, desapareció de su vida el gran temor que tenía, y encomendó su vida al Señor que puede libramos de todo mal y en todo tiempo de violencia.

Obra misionera en Miami, Florida, EE.UU.

El misionero Roy McCook, quien trabajaba con la *Misión Interamericana* en la ciudad de Miami, empezó una congregación entre personas de habla hispana. El viajó a Bogotá, y me invitó a venir a Miami para ayudarle con la congregación que había empezado. Después de un tiempo de oración, mi esposa Teresa y yo estábamos seguros de que era la voluntad de Dios que viniéramos a este lugar.

La unción de Dios quedó sobre su siervo, Pedro Gutiérrez, hasta lo último de sus días.

En julio del año 1987 llegamos a Miami y empezamos a servir entre los habitantes de habla hispana. La iglesia se aumentó de modo que después de los primeros dos años, teníamos una congregación de más de 60 personas, y nuevas almas seguían añadiéndose a la iglesia. Allí se congregaban creyentes de diferentes países centroamericanos, y de otras naciones, como Brasil.

SEGUNDA PARTE

Don Pedro
El Modesto Gigante del Quindío

Datos biográficos adicionales por Jaime Smyth

Quiero añadir unos detalles pertinentes al relato anterior del Reverendo Pedro Gutiérrez, pues él ha sido una influencia poderosa para mí a través de los años. Reconozco que, de haber sido posible, otros, influenciados por este gigante espiritual del Quindío, hubieran agregado sus propios recuerdos.

La bella congregación en Monterrey

En 1969 llegué de Irlanda del Norte para aprender español en Costa Rica. Dichosamente, en la capital, San José, conocí a los amados pastores, el Rvdo. Pedro Gutiérrez y su esposa, Fanny. Dirigían ellos la *Iglesia Latinoamericana Berea* en Monterrey, un barrio de la ciudad. Por un tiempo, fui albergado en una casita muy humilde por una familia tica, cuyo padre era miembro de la iglesia y a la vez parte del trío de músicos que tocaban en la iglesia donde Don Pedro predicaba.

El ministerio de Don Pedro y Fanny a través de la congregación de esta iglesia en Costa Rica fue de gran bendición.

Unos de los miembros eran asombrosamente profesionales tocando sus guitarras. Me gustaban mucho. Pero me fue de gran beneficio la muy clara articulación del pastor en sus discursos. Fácilmente aprendí a repetir mi primer versículo bíblico en castellano, "*Cree en el Señor Jesucristo y serás salvo tú, y tu casa*", Hechos 16:31.

Lo leía muchas veces porque esas palabras estaban grabadas en la parte superior de su púlpito. Poco a poco fui comprendiendo el contenido de las enseñanzas. Desde entonces, los sermones, la vida ejemplar, y la labor incesante y eficaz de Don Pedro han sido de gran inspiración y grato recuerdo para mí. Jamás cesaré de dar gracias a Dios por la amistad de la familia Gutiérrez que perduró durante los siguientes 35 años.

Desde aquel momento...

Nacido el 9 de septiembre del año 1914, Pedro Antonio Gutiérrez Santamaría fue el segundo hijo entre los 13 hijos de Cristóbal y Griselda Gutiérrez. Comenzó su ministerio pastoral en el año 1938. Pero en realidad, sirvió al Señor desde que se convirtió a Cristo a la edad de 14 años. Esto ocurrió en la casa de su padre cerca de Calarcá, en el área de los cafetales, a 4 km. de Armenia, la capital del departamento del Quindío (antes Caldas). Desde aquel momento, su vida fue una bella aventura. Jamás se extravió del camino del Señor. La suya es una historia de gran provecho para todas aquellas personas que anhelen agradar a Dios y llegar a Su santa morada.

El colportor, Segundo Pasminio de la *Iglesia Presbiteriana Cumberland*, visitaba las fincas y celebraba cultos en las casas. Pedro y dos de sus hermanos fueron llevados por su papá a algunos de esos cultos. La gente llegaba a caballo. Las bancas eran palos con esterillas de guadua encima. Don Segundo discipuló uno de los creyentes, Patricinio Cocuyi, y le encargó el culto de las 10 de la mañana en los domingos cuando él no podía estar. A todos les gustaba Patrocinio, y, como Don Pedro nos relató en su historia de la "primera Escuela Dominical", él les regalaba cigarrillos. ¡Por supuesto, Pedro ya había aprendido a fumar con los trabajadores en los dos cafetales grandes de su papá! Patricinio no sabía lo suficiente, pero enseñaba la Biblia bien, y los aconsejaba acerca de errores en la *Iglesia Católica*. La familia Barrios estuvo entre los concurrentes más fieles.

Un miércoles por la noche Martiniano Fajardo, predicador de la *Presbiteriana Cumberland* de Cali, enseñó una clase sobre Romanos 6:23, - *La paga del pecado es muerte, mas la dádiva de Dios es vida eterna*... Pedro quedó muy impresionado con este texto. Esa noche en casa, cuando sus hermanos se quedaron dormidos, Pedro se arrodilló en su cuarto y pidió perdón por sus pecados. Rogó a Dios que le diera la oportunidad de ser Su hijo. Enseguida recibió la seguridad de que fue perdonado. "Desde ese momento", relataba Pedro, "Jesús ha sido mi mejor Amigo".

A pesar de ser un muchacho miedoso, y temeroso de hablar en público, sentía el deseo de servirle al Señor. Hablaba de Cristo con los trabajadores. Cuando visitaba Armenia para hacer el mercado semanal, llevaba folletos y los regalaba a las personas que se encontraban en el camino. Al regresar a casa sentía un gran gozo. Manifestó su intenso deseo de servir a Dios a los líderes de la *Iglesia Presbiteriana Cumberland* quienes atendían la nueva obra entre los cafetales de Armenia. Uno de los himnos favoritos de Pedro fue *"Es Jesús mi mejor Amigo, aunque triste y cansado esté..."* Entre la edad de 14 y 18 años Pedro enseñaba la escuela dominical, dirigía la reunión de jóvenes, y ayudaba al pastor con cultos en las casas y en las calles de Cali. Cuando tenía 17 años de edad, fue bautizado por aspersión en Cali por el misionero David Brayson.

Los años pasaron, y el pastor Martiniano Fajardo le animó mucho. Después de escuchar a Pedro predicar le decía, "Muy bien, Pedro", y le corregía algunas palabras. Una vez, cuando predicaba con Martiniano en la esquina de una calle, algunos muchachos los molestaron. Pedro dejó de predicar y corrió tras los muchachos y les tiró piedras. Luego Martiniano le preguntó, "¿Por qué se fue?" y le contestó, "¡Para coger a los muchachos y ponerlos presos!" - y Martiniano lo regañó. Más tarde Pedro fue elegido consejero de los jóvenes de la iglesia. Los reunía los sábados para enseñarles la Palabra. Entre ellos estaban unos hermanos suyos. La iglesia crecía rápidamente por lo cual se buscaba un pastor. En este tiempo, algunas familias habían viajado a América Central, incluyendo la familia Roa.

"¡Usted sirve!"

En esos días Pedro había estado orando sobre la posibilidad de estudiar en el *Seminario Bíblico Latinoamericano* en Costa Rica, y Don Cristóbal lo sabía. Pero Pedro, quien ahora tenía 18 años, tenía que solucionar el problema del servicio militar obligatorio. En Buga, el centro militar de que servía a Armenia, un comandante le dijo, "¡Usted sirve!" Entonces, el joven oró a Dios. Tendría que servir como soldado, o pagar por la Libreta Militar. El dilema no fue lo de las finanzas, dado que la familia, por sus éxitos como cafetaleros, no carecía de nada, sino que Pedro no quería pedirle dinero a su padre para pagarla. El deseaba ver la mano de Dios en el asunto.

La confirmación de su plan de seminarista resultó inesperadamente. Un evangelista conocido quien visitaba desde Costa Rica le dijo al padre de Pedro: "Don Cristóbal, vale la pena que este muchacho fuera a estudiar al *Seminario*". Al reflexionar sobre lo dicho, su padre le dio a Pedro no solamente los $250 pesos para la Libreta, sino lo suficiente para sacar su Pasaporte en Cali y comprar su pasaje a San José, Costa Rica. Así que, en marzo de 1934 él viajó desde Buenaventura en la costa del Pacífico por barco, cruzando el Canal de Panamá, hasta Puerto Limón en la costa Atlántica de Costa Rica. Luego viajó por tren hasta la capital, San José.

En noviembre del año 1937, a la edad de 23, se graduó del *Seminario*. El día siguiente, un sábado, se casó con Fanny, una integrante del grupo de enfermeras, la mayoría misioneras extranjeras, que constituían el cuerpo médico de la Clínica Bíblica en San José. Ella estaba capacitada para servir en todo lo pertinente a la obstetricia exceptuando la cirugía. Después, su ministerio médico en Colombia vino a ser legendario.

Una pareja ideal en el ministerio

Pedro, acompañado de Fanny, salió para Colombia vía Puerto Limón, Panamá, y Buenaventura, hasta Armenia donde se detuvieron a visitar a sus padres por un corto tiempo. Luego reanudaron su viaje para comenzar a trabajar en su amada Colombia. Juntos, constituyeron una pareja ideal en el ministerio durante los siguientes 35 años. Fueron pioneros de la obra del Señor en los departamentos de Córdoba y Bolívar. Ayudaron a formar lo que es hoy la *Asociación de Iglesias Evangélicas del Caribe* (AIEC)[1], con más de ochocientas iglesias y ochenta mil creyentes. Empezaron en Sincelejo, y luego siguieron a Montería donde comenzaron una iglesia y un colegio. En Montería permanecieron por unos cinco años. Allí se solía oír el comentario: "¡La querida enfermera Fanny me trajo al mundo!" Durante este periodo Don Pedro también estableció iglesias en Planeta Rica, San José del Totumo, Providencia, y otras. Doña Fanny fue una verdadera ayuda idónea durante todo esos años. En Montería les nacieron sus dos hijos, Pedro Luis y Juan David.

En aquel tiempo, le tocó al Rvdo. Gutiérrez andar a caballo en la realización de muchas de sus labores. Uno se puede imaginar la multitud de dificultades del pastorado y la obra evangelística cuando el pastor Gutiérrez estaba abriendo al Evangelio gran parte del norte de Colombia. Por ejemplo, el viaje de Montería a Planeta Rica, que, en años posteriores había de durar unos 45 minutos en bus, en ese entonces se demoraba dos días en bestia. Aparte de las inconveniencias del camino, el tránsito era muy peligroso. Los delincuentes robaban caballos y mataban a los jinetes. Don Pedro acostumbraba viajar solo hasta cuando, en una ocasión el Dr. Enrique Strachan lo acompañó y se dio cuenta de los riesgos del viaje; entonces le ordenó que fuera siempre acompañado por otra persona. Normalmente, sus giras evangelísticas duraban seis días: cuatro días de ida y vuelta, y dos días de ministerio.

Pedro Gutiérrez y algunos de sus disciplulos [9] - 1942-

La Biblia habla por sí sola

En Providencia un día, como resultado de la predicación en público, un oyente vino a donde estaba alojado Don Pedro y le compró un Nuevo Testamento. Se llamaba Víctor Landero. Después de un largo tiempo, sucedió que Eliécer Benavides, un joven ganado para Cristo por Don Pedro, llegó a Nueva Estación, el pueblo donde vivía Víctor. En esos lugares el predicador solía preguntar si sabían de alguien allí que leía la Biblia. La gente había visto a Víctor leer la Biblia en las tardes sentado en una silla en el andén de su casa. Uno de ellos le indicó a Eliécer cuál era su domicilio. Lo buscó, le explicó lo que había leído en la Biblia, y Víctor aceptó a Jesús como su Salvador. En esa época se convirtieron también muchos de sus familiares, incluso sus padres y hermanos que, después de unos años, desempeñaron funciones importantes en la AIEC. Víctor es tío de Loida de Huertas, una de las graduadas del *Seminario Bíblico de Colombia*[7] y esposa de Luis Miguel Huertas, graduado del *Colegio Interamericano* en Bogotá y también del SBC en Medellín (cuya vida, salvación y ministerio son también una historia extraordinaria).

Gregorio, otro hermano de Víctor Landero, resultó ser miembro de la Junta del *Seminario Bíblico de Colombia* por varios años. El libro en inglés, titulado "Hammered as Gold"[8] (Martillado como el oro) cuenta otros relatos en más detalle sobre esos años en la vida de Don Pedro, y el drama de la familia Landero.

Más tarde Don Pedro y Doña Fanny se trasladaron a Cartagena en la Costa del Caribe donde permanecieron por varios años. Durante este tiempo sirvieron a dos iglesias, una de las cuales ha crecido muchísimo. Al mismo tiempo ellos ayudaron a organizar un internado y clases para dos o tres señoritas. Más tarde este proyecto se convirtió en lo que es hoy el *Colegio Latinoamericano de Cartagena*.

"La Violencia"

Entre los años 1948 y 1958 Colombia sufrió por *La Violencia*, un conflicto sangrante entre los dos partidos políticos. Es de notar que, durante unas décadas, la historia de Colombia fue marcada con una extensa hostilidad contra la fe evangélica. Don Pedro nos contó lo siguiente:

> En el año 1846 el Cónsul de Inglaterra, fue expulsado de Bogotá por el Gobierno y la *Iglesia Católica* porque él era un representante de la *Sociedad Bíblica Británica*, y a la vez, un extranjero. Lo mandaron por mula hasta La Dorada, puerto en el Río Magdalena, con rumbo a Barranquilla. Él nunca llegó. La *Iglesia Católica* amontonó

las Biblias que el Cónsul había traído a la capital, y las quemó en la Plaza de Bolívar de esa ciudad. Pasaron varios años, y en 1920 Diego Thompson (un inglés) y Enrique Strachan vinieron a Bogotá. Se reunieron con el General Uribe y otros líderes de alto nivel político de Colombia. Todos estaban de acuerdo en que la Biblia fuera puesta a la disposición del pueblo colombiano. Desgraciadamente, no les fue posible porque la *Iglesia Católica* la prohibía e insistía que sólo podría ser leída y explicada por los sacerdotes.

Este antagonismo tomó muchas otras formas. En Mangué, cuando Don Pedro y Doña Fanny dirigían la escuela que fundaron, y pastoreaban la iglesia de la AIEC, sucedió que a esta ciudad llevaron presos al Rvdo. Joaquín Espinosa, pastor de la *Sociedad Misionera Interamericana de Colombia* (SMI)[2], y otros. La razón dada para el encarcelamiento fue "por predicar el Evangelio en Pinilla, Colorado, y otros pueblos de la región". Cuando los liberaron de la cárcel, la enfermera Fanny atendió sus heridas.

Rvdo. Joaquín Espinosa

Pero Don Pedro y Doña Fanny también sufrieron persecución por su fe. En una ocasión, cuando viajaban por el Río Magdalena en la lancha evangelista *El Heraldo* piloteada por Luis Calderón, ellos fueron encarcelados por la policía de uno de los pueblos que visitaban. Después de dos horas los soltaron, pero les robaron las Biblias que traían para distribuir. En otra ocasión el cura de la ciudad les cerró la escuela en Magangué. Durante ese tiempo los estudiantes estudiaban en varias casas particulares hasta que se solucionó el problema. Fue una experiencia dura para los creyentes, pero al término de un año la iglesia había crecido hasta 350 personas.

Don Pedro fue destacado entre todos los fundadores de la AIEC. Fue el primer presidente. Estuvo en el cargo por once años de manera discontinua entre 1945 y 1958, y por catorce años fue miembro del Comité Administrativo. La AIEC en Colombia creció muchísimo desde que empezó la evangelización del norte de Colombia a partir de 1937 hasta los años 1960-1969. Fue muy hábil en formular y ordenar los *Estatutos*, los *Reglamentos Internos*, y el *Manual de Catecúmenos* para la denominación. También durante este tiempo predicó en varios países participando en *Evangelismo a Fondo* y en las campañas del evangelista Billy Graham. En las ciudades de América Central como Panamá, Colón, y Managua, oyeron sus prédicas durante estas campañas.

El modesto pastor del Quindío enfrenta nuevos desafíos

Después de un intervalo de dos años durante el cual pastoreó en San José, Costa Rica, Don Pedro y Doña Fanny regresaron a Colombia en 1969. Al estar aún muy conscientes de que debían continuar con la misión y pasión que Dios les había dado, es decir, plantar iglesias y llevar el Evangelio a las ciudades y aldeas de Colombia, el Señor le mostró a Don Pedro que podían continuar esa visión asociándose con otra Misión. Por lo tanto él solicitó servir con la *Alianza Cristiana & Misionera*, y con la *Sociedad Misionera Interamericana*. El primero en responder a sus cartas fue el Rvdo. Ro-

Pedro y Fanny, junio 1972
(Iglesia Santa Lucía, Bogotá)

berto Hess, líder de la SMI / OMS² en Colombia y el primer Presidente de la *Asociación de Iglesias Evangélicas Interamericanas de Colombia* (ASODIEICO)². El Rvdo. Hess consultó con el entonces Presidente de la denominación, Rvdo. Felipe Barajas. El resultado fue que Don Pedro empezó a trabajar como pastor con esta entidad. Él había conocido la SMI desde que esta Misión empezó a trabajar en Colombia en el año 1943, ya que en viajes a la costa, misioneros de la OMS se alojaban a veces en la sede de la *Misión Latinoamericana* en Sincelejo, y de vez en cuando predicaban en las iglesias en Sincelejo y Cartagena. Pedro y Fanny, sin embargo, tuvieron su mayor contacto con la OMS durante las *Convenciones de la Vida Victoriosa* en el plantel de la OMS en Medellín donde funciona el *Seminario Bíblico de Colombia* (FUSBC)⁷.

Por muchos años, Don Pedro fue el pastor de "La Cuarta" - la antigua iglesia en pleno centro de Bogotá.

El Rvdo. Pedro Gutiérrez fue uno de los fundadores de la *Sociedad Bíblica de Colombia* y miembro de su Junta por muchos años. Fue superintendente regional, y pastor de varias iglesias de la *Asociación de Iglesias Evangélicas Interamericanas de Colombia*, primero en Puerto Berrío por seis años, luego en *"La Cuarta"* en Bogotá por otro periodo de seis años, y más tarde, en la iglesia *"Santa Lucía"*, también en Bogotá. Fue durante el pastorado en *Santa Lucía*, que en diciembre del 1972, su amada esposa Fanny murió.

En febrero de 1975, Don Pedro se casó con Teresa Lizarazo en la iglesia *"La Cuarta"*. Teresa había sido profesora en Bucaramanga y Cúcuta por unos dos años, y luego enseñó por dos años en la escuela de *"La Cuarta"*, y seis años en el

Colegio Interamericano. Don Pedro fue miembro, por más o menos doce años, de la Junta del *Colegio Interamericano*, y estuvo muy involucrado en la fundación de la iglesia de la *Confraternidad Cristiana 'La Victoria'* al sur-oriente de Bogotá, dirigida por el Rvdo. Rafael Villar.

Mientras que pastoreaba en Bogotá, Don Pedro trabajó con el ministerio radial de la OMS, *El Tiempo Aceptable*. En esta área ministerial, el dirigía el estudio bíblico por correspondencia llamado *Luz de la Vida*. Por medio de cartas, él evangelizaba y aconsejaba a los oyentes y estudiantes en varios países latinos. En sus recorridos fuera de Bogotá por motivo de estos programas, fundó la iglesia en Guachetá, Cundinamarca, y fue usado por Dios para confirmar la fe de muchos creyentes en otros numerosos lugares, incluyendo nuevas congregaciones en Duitama, Moniquirá, Zulia, y Garagoa. En estos pueblos, Don Pedro también predicó por la radio local. Pese a su edad avanzada, sirvió con todas sus energías en las iglesias bogotanas de Veinte de Julio, Country Sur, y Villa de los Alpes. Organizó la iglesia en Granada Sur (Bogotá) cerca de su casa desde donde, como era su costumbre, servía de evangelista y consejero para las personas a su alrededor.

"Siervo bueno y fiel..."

En una reflexión sobre su vida, Pedro Gutiérrez se preguntó por qué fue que Dios lo separó de su numerosa familia en Armenia, para predicar el Evangelio. Sus hermanos prosperaron en varios negocios, incluso el café. Pero él confesó que valía más ser obrero en la viña del Señor que apenas pasar la vida bien cómodo.

La vida de Don Pedro fue ejemplar por su abnegación, su entrega a Cristo sin vacilación, y el cumplimiento diligente de sus deberes como ministro de Dios. Era metódico en todo, muy disciplinado, y siempre de una presencia cortés y agradable. Sus colegas y acom-

En su ministerio, a menudo tenía que viajar por carreteras muy peligrosas.

pañantes en los viajes podían fácilmente reconocer su gran paciencia, su compasión, y su disposición tan amable. En sus frecuentes y, muchas veces, fatigosos viajes, él animaba a sus compañeros del camino con sus oraciones, - ¡y con cuentos y chistes! Aun allí por los caminos arduos cómo las veredas de Zulia en las montañas de Boyacá, nunca lo vi desanimado. Al contrario, nos inspiraba con su entusiasmo sereno, y se hacía amigo con los que encontrara en las carreteras o en esas trochas selváticas. Incluso, a una edad mucho mayor que la de sus compañeros de viaje, él lograba subir las muy empinadas colinas y llegar entre los primeros al destino. Además, después de llegar, pronto estaba listo para la predicación. Se acomodaba fácilmente a las condiciones rústicas que caracterizaban esos caseríos, y ¡le gustaba mucho comer los cachipays (chontaduro)!

A esos feligreses de Zulia que lo respetaban tanto, siempre los impulsaba a que sembraran naranjas para mejorar su modesta economía y su salud. Por la buena preparación bíblica que recibieron de Don Pedro, ocho de los feligreses de esa población llegaron a ser pastores[4].

La visión de Don Pedro fue que "todos los términos de la tierra vieran la salvación de nuestro Dios" (Isaías 52:10)

Tuve el privilegio de ayudarlo en 1986, cuando él dirigía la congregación de La Clarita en el noreste de Bogotá. Allí pude apreciar su ejemplo de perseverancia y fidelidad. Nunca faltaba a sus compromisos con la iglesia, - ni aun en ocasiones cuando le fuera difícil asistir a los cultos de la noche por la inclemencia del tiempo, o a causa del viaje tan largo y peligroso desde su casa en el sur de la capital colombiana.

Su consejo a los pastores para su salud y el bien de su ministerio: "No se encarguen de obras en construcción..."

Don Pedro se enfermó muy poco durante su vida. Una vez sufrió del apéndice, y en otra, fue necesario que le extrajeran la vesícula biliar. Durante una temporada cuando pastoreaba en Magangué, se enfermó por exceso de trabajo cuando se construía el nuevo templo de esa ciudad. Por lo tanto, aconsejaba a los pastores así: "Coman lo suficiente, no más, y no coman rápidamente. No se encarguen de obras de construcción. Yo, por haberme responsabilizado de todos los detalles de la construcción de la iglesia y la escuela en Magangué, sufrí de una tensión nerviosa, y no podía predicar bien". Al alcanzar casi los 90 años de edad sufrió de diabetes. Su médico en Miami le mandó medicinas para controlar la enfermedad y le ordenó que se midiera el azúcar en la sangre diariamente. Pero, cuando se le preguntaba cuándo se midió el azúcar,

Don Pedro fue un hombre estudioso.

la respuesta que daba era: "Eso lo hago sólo los sábados", ¡así que sus familiares dejaron de insistir en las medidas diarias! Efectivamente, el Señor lo conservó en buena salud casi todos sus días.

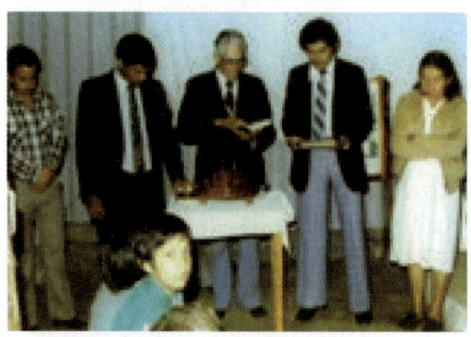

Dirigía las ceremonias eclesiásticas con reverencia y dignidad.

Pedro Gutiérrez fue un hombre práctico y estudioso. Entre los libros que atesoró en su biblioteca[10], recomendaba en especial "*El peregrino*"; "Este me encanta", solía decir. También "*El camino de Dios*", "*Los hermanos españoles*", y el "*Todo de gracia*" (por Moody). Tenía la facultad de poder aprovechar los libros en inglés que conservaba. En una ocasión comentó: "Soy exigente. Hoy en día, los maestros de la Biblia dan mucha vuelta, y no enseñan. Recomiendo la predicación expositiva". En su enseñanza usaba ilustraciones tomadas de su extensa experiencia y de la Biblia misma. Su predicación fue bien estructurada. Él introducía la gente a Jesucristo de una manera prudente y sencilla. Regalaba Biblias a la gente, y siempre visitaba y oraba con esmero por los enfermos y los desamparados.

Don Pedro siempre se vestía decorosamente para toda ocasión pública, y dirigía las ceremonias eclesiásticas con seriedad, reverencia y dignidad. La estatura espiritual y ministerial del hermano Pedro fue bien reconocida. Atesoraba la oración como primordial. En conflictos de toda clase, ya fuera entre hermanos de la congregación, o aun entre los líderes de la iglesia, ellos acostumbraban a buscar el consejo y mediación del hermano Pedro. Contaban con su juicio discreto, y el espíritu reconciliador que manifestaba. Era un hombre tranquilo y de paz. Nunca guardaba resentimientos. Rara vez en sus predicaciones omitió la invitación a Cristo, y siempre fue tierno y muy atento a los que respondían al Evangelio de Cristo. Llevó centenares de personas a los pies de Jesucristo. Por medio del ministerio de él y su esposa, llegaron al conocimiento de Dios pecadores como Víctor Garrido quien, en 1958, junto con su esposa Lura, escribió dos himnos que llegaron a ser muy populares entre los cristianos: *"Escogido fui de Dios"* y *"Yo soy la Vid"*[11].

El justo florecerá como la palmera

A pesar de ser un hombre de notable éxito en su largo ministerio, sembrando y dirigiendo las iglesias de la *Misión Latinoamericana* y luego de la SMI, - y a la vez sirviendo en los comités de varias organizaciones, Don Pedro nunca fue imperioso o exigente. Nunca buscó ventajas personales, y jamás se molestó cuando no se reconocía su idoneidad singular en el ministerio cristiano, pues nunca requirió o deseó títulos. Era una persona sumamente abnegada. Vivía en algunas casas pastorales bastante incómodas, y en sus viajes aceptó hospedarse en muchas situaciones desagradables sin quejarse, ¡incluyendo aquellas en el campo donde, por la noche, no hubo más que la oscuridad para el "excusado", y en el amanecer el gallo por despertador!

Por el otro lado, oraba en especial por los líderes mundiales; recibió respuestas a sus cartas al Presidente estadounidense, Ronald Reagan, y a la Primer Ministra Margarita Thatcher de Inglaterra. Ella mandó que le respondieran con el mensaje siguiente fechado julio 13 de 1987:

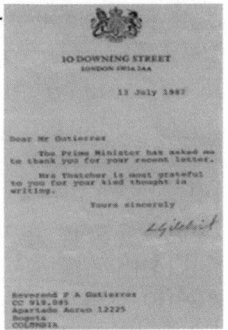

"Estimado Señor Gutiérrez, la Primer Ministra me pidió darle las gracias por su carta recién recibida. La Señora Thatcher está muy agradecida por su amable pensamiento en escribirla. Suyo sinceramente. – L. *Gilchrist*".

Hasta cuando era ya de una edad avanzada, su hogar, donde fuera, era un refugio para personas necesitadas, hasta quedarse aun por largo tiempo. Todos sus conocidos admiraron la generosidad y la humildad del pastor Pedro Gutiérrez. Pero, los hijos de Don Pedro y Doña Fanny los honraron de manera especial. El hijo mayor, Pedro Luis, llegó a ser un destacado profesor de Oncología y Bioquímica cuyas investigaciones científicas contribuyeron a entender el crecimiento del cáncer y la acción de las drogas contra esta enfermedad; ha sido invitado a presentar sus conocimientos en conferencias en varios continentes. El hijo menor, Juan David, es hoy un poeta y escritor muy dotado y tiene muchos poemas y prosas a su crédito. En 1979, Don Pedro, a la edad de 65 años, pudo construir una casa pequeña en Bogotá, la única habitación que jamás había poseído. Ésta quedó cerca al *Colegio Interamericano* en donde él gozaba de la amistad del

Don Pedro con su hijo el Dr. Pedro L. Gutiérrez (Bogotá 1985)

Antes de comenzar el día de trabajo, Don Pedro les predicaba.

rector, Dr. Jorge Medina. Durante la construcción de un anexo amplio y elegante para acomodar la sección Primaria del colegio, Don Pedro se preocupó por los trabajadores, y cada semana, antes de comenzar el día de trabajo, los reunía en el sitio de labores y les predicaba la Palabra de Dios. En esas ocasiones fue notable la reverencia de aquellos hombres burdos, y fue evidente que quedaron impresionados por la Presencia de Dios entre ellos. [Luego, en la capilla de este anexo, nacieron dos nuevas congregaciones].

En el evangelismo y el pastorado, Don Pedro trabajó al lado de algunos ministros de renombre como: Dayton Roberts, Ernesto Fowler, Enrique Strachan, Kenneth Strachan, Roberto Reed, la Señorita Aimee McQuilkin, David Howard, Cristóbal (Willie) Easton, Lorenzo Emery, Guillermo Thompson, Benjamín Pearson, Guillermo Gillam, Juan Palmer, Juan Harbinson, Eugenio Wittig, Jorge Biddulph, Roberto Hess, y David Peacock, - todos misioneros extranjeros (pues, en esa época nuestros líderes latinos estaban apenas en formación). Pedro Gutiérrez fue estimado profundamente entre los pastores y discípulos de varias denominaciones a través de la nación, en América Central, y en los EE.UU.

Al trasladarse a Miami en 1989 con Doña Teresa y Daniel su hijo adoptivo, él hizo progresar la iglesia de la OMS en esa ciudad. Luego, regresaron a Colombia por un corto tiempo, y antes de regresar a Miami en diciembre de 1991, los pastores y misioneros de la OMS les hicieron una despedida de homenaje[12]. De regreso en Miami, la congregación en esta ciudad continuó creciendo. En su ministerio empezó a usar más el teléfono y la correspondencia, pues era difícil salir ya que sus pasos no eran tan seguros. Sin embargo, continuó enseñando y predicando. Por teléfono alcanzaba muchas personas en los EE.UU. y en Colombia. Aun desde Miami, solía llamar a enfermos y los familiares de enfermos en diferentes lugares, como Sincelejo y Bogotá. Algunos creyentes, temprano en la mañana antes de ir a trabajar, lo llamaban por teléfono para orar con él. Los amigos y creyentes que sostenían contacto frecuente con Don Pedro fueron muy animados por sus lecturas de la Biblia, valiosos consejos, y oraciones.

Fue en Miami, el día domingo 13 de marzo del 2005, después de enseñar su clase bíblica por la mañana en la iglesia, que, a las 3.30 p.m. sufrió de una congestión cardiaca, y murió de camino al hospital. De esta manera, el gran amigo Pedro Gutiérrez Santamaría llegó, sin más, a la Presencia de su Señor, y a su morada final. ¡Quién no lo quisiese así!

Durante más de siete décadas Don Pedro permaneció leal al compromiso que hizo con Dios cuando muy joven, y honró al Maestro con integridad y amor. Quizás en Colombia no haya habido otro siervo de Dios que haya tenido tantos años en el santo ministerio de Jesucristo. Con todos aquellos que hayan tenido el agrado de conocerle, damos gracias al Señor por este ilustre predicador del Evangelio de Jesucristo, y por su largo peregrinaje en esta tierra. Colombia ha sido muy favorecida por este tan distinguido emisario de Cristo, el Reverendo Pedro Gutiérrez.

Aconsejando y orando con personas en llamadas locales o internacionales.

- Jaime Smyth, Carlisle, Pensilvania, EE.UU.
6 de marzo de 2010

Reflexiones

Rvdo. Roberto Hess

MI AMIGO, DON PEDRO
TRABAJADOR INCANSABLE, ALENTADOR,
HOMBRE DE INTEGRIDAD Y DE BUENOS PRINCIPIOS,
HUMILDE, SIERVO DE DIOS.

Conocí y trabajé con Don Pedro durante las décadas de 1970 y 1980. Yo lo llamaba simplemente, Don Pedro, o Hermano Pedro. Él y su esposa, Fanny, se unieron a la iglesia nacional que se relacionaba con la *Sociedad Misionera al Oriente* para laborar en la obra que la misión hacía en Colombia por mucho tiempo. La pareja vino con una vasta experiencia en la América Central y en el norte de Colombia.

Como pastor, predicador, y entrenador, Don Pedro aconsejaba, discipulaba, guiaba y alimentaba espiritualmente a pastores jóvenes con mucho tacto y sabiduría de Dios. Su diestro liderazgo como vicepresidente de la *Asociación de Iglesias Evangélicas Interamericanas*, en combinación con un espíritu tierno y humilde, trajo integridad espiritual y moral a las congregaciones en desarrollo. Los pastores jóvenes se acercaban a él con respeto y confidencia.

Él fue un verdadero Bernabé, como está escrito en Hechos 4:36-37 y 9:27: *Bernabé (que traducido es, Hijo de consolación), levita, natural de Chipre, como tenía una heredad, la vendió y la puso a los pies de los apóstoles. ... Entonces Bernabé, tomándole (a Saulo), lo trajo a los apóstoles...* Bernabé fue un testigo de carácter para Saulo, quien más tarde llegó a ser Pablo.

También recuerdo a Don Pedro como administrador que infundía confianza y tenía mucho coraje; entendía asuntos complicados con mucha claridad. Siempre votaba con honestidad y sinceridad, aferrándose a la verdad. Esto fue muy claro cuando en 1980 el *Colegio Interamericano* en Bogotá, auspiciado por la OMS, estaba en una situación difícil con el *Ministerio de Educación* de Colombia. Su voto fue crucial para salvar al colegio, y así poder continuar educando y sirviendo a los niños de la ciudad.

Don Pedro era como un padre para todos, no solamente por sus largos años de vida, sino por su caminar con el Señor. No puedo leer los versículos de Primero de Juan 2:12-14 sin pensar en Don Pedro, y darle gracias a Dios por este hombre de integridad y de principios éticos; en parte dice, *Os escribo a vosotros padres, porque habéis conocido al que es desde el principio.*

El juicio maduro dado por Dios a este siervo vivirá para siempre en la memoria y en la vida de muchos que le conocimos.

Sí, yo conocí a Don Pedro. Él era mi amigo en quien confiaba.

Con mucho aprecio.

R. *Bruce Hess*
Houghton, NY

Lic. Ubaldo Restan Padilla

El Rvdo. Pedro Gutiérrez fue uno de los fundadores, y presidente por diez años, de la denominación *Iglesias Evangélicas del Caribe*, organización que hoy cuenta con más de 860 iglesias en Colombia y Venezuela. Entre 1938 y 1990 plantó y contribuyó con la plantación de más de 25 iglesias en Bogotá y otras ciudades, pueblos y aldeas de la región Caribe de Colombia.

Celebro la publicación de este libro, y animo especialmente a las nuevas generaciones de líderes cristianos a leer esta biografía que nos permite, entre otras cosas, conocer detalles de una parte de la historia del cristianismo en Colombia, como también las cualidades y características de un verdadero apóstol de Jesucristo del siglo *XX*.

Lic. Ubaldo Restan Padilla
Director de CIPEP[13], Colombia

Rvdo. Gregorio Landero Arrieta

Conocí al Rvdo. Pedro Gutiérrez cuando yo era muy joven, siendo él pastor en la iglesia de la AIEC en Montería, Colombia. Lo que más recuerdo de él es su imagen de pionero de la obra evangélica en el sur del Departamento de Córdoba en Colombia. Siendo pastor en Montería, Don Pedro recorría veredas y pueblos de la región fuera a caballo, a lomo de mula o a pie, siempre sembrando la semilla de la Palabra divina. Fue un hombre apasionado por la predicación del santo Evangelio de Jesucristo; ese fue siempre su único interés. Don Pedro fue muy respetado y reconocido como excelente expositor de las Sagradas Escrituras, una autoridad en asuntos doctrinales, y un líder por naturaleza a quien los líderes nacionales escuchábamos y seguíamos porque siempre nos motivaba, y estaba cuidando de nosotros y de los discípulos de las nuevas congregaciones. Su versículo favorito era Romanos 1:17, *"Más el justo por la fe vivirá"*.

Rvdo. Gregorio Landero Arrieta
Pionero de la obra social evangélica
en Colombia

Teresa Lizarazo vda. de Gutiérrez

El día 13 de marzo del 2005 fue el último día que el Señor le permitió vivir. Era domingo, y como de costumbre enseñó la escuela dominical en la iglesia *La Comunidad de Jesús*, donde asistimos. Recuerdo que la clase tenía una asistencia de unas 15 personas en la cual disfrutábamos de las enseñanzas de Don Pedro. Eso me hace pensar más en lo que él en realidad era: *Siervo fiel del Señor hasta la muerte*. También lo recordamos como el pastor que dedicó su vida entera a la salvación de las almas perdidas. Siempre estaba repartiendo folletos, compartiendo el Mensaje del Señor con toda persona que se le atravesara en su camino, y siempre preocupado por los creyentes de su iglesia.

Como esposo, el mejor de los mejores hombres; cariñoso, amable, compasivo y respetuoso. Así era Don Pedro. Doy gracias a Dios por haber podido compartir 29 años de matrimonio al lado de este siervo de Dios. Lo extrañamos mucho, y lo llevo en mi corazón como el gran siervo de Dios que fue.

Teresa Gutiérrez.

Daniel Javier Gutiérrez Lizarazo

Yo lo recuerdo como el mejor padre del mundo. Todos los días me calentaba el almuerzo. Cuando el falleció, le pregunté a mi mamá, "¿Quién me calienta el almuerzo ahora?" Lo llevo en mi corazón como el gran padre que tuve. Siempre estaba pendiente de mí; siempre lo extrañaré. Me acuerdo que él siempre traía el correo, y ahora soy yo el que hace ese trabajo, y además espero a mi mamá en la puerta, como él solía hacerlo siempre.

Daniel Javier Gutiérrez Lizarazo

Notas

1. La *Misión Latinoamericana* de Miami (**LAM**) fue fundada en 1921 por los misioneros Enrique y Susana Strachan. La *Iglesia Latinoamericana*, el *Seminario Bíblico de Costa Rica* / el *Instituto Bíblico* en Costa Rica a que se refiere son de la LAM. La *Asociación de Iglesias Evangélicas del Caribe*, Colombia (**AIEC**) fue fundada en el año 1937 por la misma pareja Strachan.

2. La *Asociación de Iglesias Evangélicas Interamericanas de Colombia*, **ASODIEICO**, fue fundada en 1951; desde el 1998 es conocida como *Iglesia Evangélica Interamericana de Colombia*, **IGLEICO**. La denominación hermana, la *Federación de Iglesias Cristianas Confraternidad Cristiana de Colombia* (fundada en enero 1988) es, con la **IGLEICO**, fruto del trabajo evangelizador de la *Sociedad Misionera Interamericana*, (la *Misión Interamericana* - SMI). SMI es una derivación de la Sociedad Misionera al Oriente (*Oriental Missionary Society*) fundada en el 1901, - conocida como **OMS** por sus siglas en inglés, y hoy como la *One Mission Society*.

3. *Enrique y Susana Strachan*: Misioneros europeos quienes fundaron y dirigieron la Misión Latinoamericana de Miami.

4. Los líderes y pastores a que se refiere son: Obelio Sema (Pauna - San Martín), Eraclio Santamaría (Briceño), José Sema (Juan José Rondón, Bogotá), Marco Hernández (Cunday, Tolima), y Miguel Hernández (Moniquirá, y Villa de los Alpes, Bogotá). Más tarde, otro joven del grupo, Alfredo Pulido, llegó a ser el pastor en Guarumal (Zulia). Además, de los niños que asistían a las clases bíblicas para ellos bajo unos árboles cuando la iglesia en Zulia estaba en sus comienzos, uno, Pedro Buitrago Casteblanco, llegó a ser el pastor en Pauna, y otro, Edwin Santamaría, el pastor en Maripí, Boyacá.

5. La *Iglesia Alianza Cristiana & Misionera Colombiana* es el resultado del ministerio de la misión fundada por el doctor Alberto Benjamín Simpson en 1887. Comenzó en Colombia en 1923 en la ciudad de Ipiales (Nariño).

6. El *Colegio Interamericano* fue fundado en el sur de Bogotá por la OMS en 1964.

7. Fundado en el 1944 por la OMS, el *Seminario Bíblico de Colombia* (**SBC**), - ahora reconocida como la *Fundación Universitaria Seminario Bíblico de Colombia* (**FUSBC**), es una institución de educación superior, acreditada en el año 2000 por el Ministerio de Educación Nacional de Colombia. En 1970 se abrió la División Caribe, en Sincelejo, con la *Asociación de Iglesias Evangélicas del Caribe*.

8. *Hammered As Gold* por David Howard, 1969, Harper and Row.

9. Junto a Don Pedro está **Adán Gómez**, uno de sus discípulos en Montería. En el centro **Regina Romero** (ella y su esposo Roberto Calderón pastorearon en Sincelejo por muchos años hasta la muerte de Roberto). A su lado está la misionera canadiense, **Alice Baker** de la *Misión Latinoamericana*.

10. Entre los libros que tenía en su biblioteca, estos: *Los primeros cien años del evangelio en Colombia* por Francisco José Ordóñez (c.1966, Alianza Misionera, Instituto Armenia - biblioteca El Encuentro, 2ª Edición, publicada por CLC); *La obra evangélica en Colombia* (La Alianza Misionera durante los primeros años) por Dr. Clyde Taylor; *Préstame la 'tatabra'* (Biblia forrada en piel de tatabra, un animal bueno para comer).

11. *"Escogido fui de Dios"* y *"Yo soy la Vid"*: Véase el himnario *Celebremos Su gloria*, # 340 y # 402.

12. Entre los participantes estaban los reverendos Hernando Biddulph, Carlos Cabrera, Bernabé Góngora, Aníbal Alzate, y Randall Spacht.

13. **CIPEP** - La *Corporación Instituto para la Educación Pastoral*. Fundada en 1981, es un ministerio asociado a la *Misión Latinoamericana*.